ÉLÉMENTS
DE GÉOGNOSIE.

BESANÇON, IMP. D'OUTHENIN-CHALANDRE FILS.

ÉLÉMENTS
DE GÉOGNOSIE

PAR C. RENOIR,

BACHELIER ÈS-SCIENCES,

EX-RÉGENT DE MATHÉMATIQUES AU COLLÉGE DE BELFORT,
ET DE PHYSIQUE A GRAY,

MEMBRE DE LA SOCIÉTÉ GÉOLOGIQUE DE FRANCE.

BESANÇON,
IMPRIMERIE D'OUTHENIN-CHALANDRE FILS.

—

1855.

INTRODUCTION.

Quand l'homme qui ne s'est point occupé de l'histoire du globe qu'il habite, promène ses regards sur ces plaines fertiles que fécondent des eaux paisibles, et dont d'innombrables espèces jouissent, sans trouble, de générations en générations, il est loin de soupçonner que ce bel ordre de choses a été amené par une suite de catastrophes et de bouleversements dont chaque effet, pris isolément, paraissait ne pouvoir être que dévastateur; mais si, guidé par un esprit d'investigation, il vient à creuser ce sol qu'il a tant de fois foulé avec indifférence, ou s'il s'élève sur les collines qui bordent ces riantes plaines qu'il contemple, alors ses idées changent et se multiplient avec les objets qu'il découvre. Les plaines basses, lorsque nous les creusons, même à de grandes profondeurs, ne nous montrent que des couches horizontales formées de matières diverses qui enveloppent toutes, ou presque toutes, de nombreux produits de la mer. Si on suit ces couches, soit à l'aide de tranchées artificielles, soit en s'enfonçant dans les profondeurs des lits des torrents descendant des montagnes, on trouve qu'elles s'élèvent sur les flancs de celles-ci, enveloppant toujours, et aussi abondamment, les mêmes produits marins, jusqu'à des hauteurs bien supérieures au niveau des mers actuelles, et où aucune d'elles ne pourrait évidemment être portée par les causes naturelles existantes aujourd'hui. Si on observe ces restes d'animaux marins, ces coquilles de toutes les formes, on trouve que dans certaines contrées leur conservation est parfaite, elles se présentent avec leurs parties les plus délicates, et souvent celles-ci n'ont pas éprouvé la moindre altération. De plus, dans la plupart des contrées où ces coquilles fossiles ont été si bien conservées, leur identité avec celles que nourrissent les mers actuelles est parfaite ; elles sont donc bien véritablement marines ; c'est donc bien la mer qui les a déposées dans les lieux où on les trouve aujourd'hui, mais encore elle les y a déposées paisiblement et les a recouvertes lentement du limon qui, en s'endurcissant, a formé la pâte qui les enveloppe. Or ces dépôts limoneux, quoique déposés lentement, sont si puissants, et les animaux qu'ils recouvrent sont si nombreux, qu'ils offrent la plus forte preuve du long et paisible séjour de cette mer sur ces régions. Nous sommes donc conduits naturellement et irrésistiblement à cette conséquence que le bassin des mers a éprouvé au moins un changement soit en étendue soit en position.

Quand on s'approche davantage du pied des montagnes, quand on s'élève plus haut sur leurs flancs, on trouve encore des couches formées de produits marins, même généralement plus épaisses et plus dures que les premières, et ne contenant pas moins de débris d'animaux aquatiques ; mais les espèces, et souvent même les genres de ceux-ci ne sont plus les mêmes. Les couches ne sont plus horizontales, mais plus ou moins inclinées et relevées quelquefois jusqu'à la verticale. Si, dans l'intention de les suivre, on redescend les vallées formées par leurs déchirements, on trouve que ces couches inclinées s'enfoncent sous les premières qui sont horizontales, de sorte que si on perce celles-ci, on retrouve les couches inclinées au-dessous. D'ailleurs ces couches n'ont pu être, d'après les lois de la pesanteur, déposées dans la position oblique où on les voit, puisque leurs grands joints (*de stratification*) sont parallèles, ce qui leur donne autant d'épaisseur dans les parties les plus élevées que dans les parties basses. De plus, comme T. de Saussure l'a observé le premier, les cailloux ellipsoïdes et les coquilles plates ont dû, d'après les lois de la gravité, se déposer de manière que leurs grands axes fussent horizontaux, ce qui les a rendus parallèles à la couche, quand celle-ci était horizontale; c'est en effet ce que l'on voit constamment; eh bien! ces mêmes axes sont encore parallèles au plan de la couche, quoique celle-ci soit inclinée, ce qui prouve que les corps auxquels ils appartiennent n'ont pas été disposés dans cette position. Les couches qui les portent ont donc été relevées, et comme celles qui s'appuient sur elles sont encore horizontales, elles ont donc été relevées avant que ces dernières n'eussent été déposées; nouvelle preuve de bouleversement.

La mer qui a déposé les couches horizontales en avait donc déposé d'autres auparavant, que des causes quelconques ont relevées, et comme les parties les plus élevées de plusieurs de celles-ci sont à un niveau supérieur à celui des couches horizontales, elles formaient donc des îles au milieu de la mer qui a déposé les dernières, et il a dû en être ainsi, quelle que fut la nature du mouvement d'oscillation ou de bascule éprouvé par les couches devenues obliques.

Si on examine de plus près les couches déposées par les mers, on reconnaît bientôt qu'elles ne sont pas toutes les mêmes, que ces mers n'ont pas toujours déposé des matériaux de même nature, que les dépôts successifs n'ont pas toujours recouvert toute l'étendue qu'elles enveloppaient, que les formes et les dimensions des coquilles qu'elles renferment ont varié, de telle sorte que celles enfouies dans les plus inférieurs, et conséquemment dans les plus anciens, diffèrent davantage de celles que nourrissent nos mers actuelles; que les restes trouvés dans les dépôts plus modernes, jusqu'à ce point que des genres entiers ont disparu pour ne se remontrer jamais.

Ainsi les déplacements des mers n'ont pas toujours été généraux; les premiers, les plus anciens seulement, ont pu l'être; plusieurs fois ils n'ont dû avoir lieu que dans quelques-uns des bassins dans lesquels les couches relevées ou enfoncées les avaient divisés, et ces déplacements étaient accompagnés de changements tels dans la nature des substances que le liquide tenait en dissolution, que la plus grande partie des espèces ne pouvaient plus exister dans les nouveaux bassins.

Des couches ne renfermant que des restes d'animaux marins sont recouvertes par d'autres qui n'offrent que des débris des espèces terrestres et d'eau douce, celles-ci sont à leur tour recouvertes par de nouvelles couches marines, et ces alternatives se répètent un assez grand nombre de fois. Les révolutions qui ont troublé le repos de la surface de la terre ont donc été nombreuses; plusieurs fois des terres, abandonnées par les mers, après s'être couvertes d'une riche végétation et de nouvelles et nombreuses races d'animaux, ont été de nouveau envahies par les eaux, pour être plus tard encore abandonnées par elles, en les laissant couvertes de limon et des débris de leurs habitants.

Ces changements ne se sont pas faits graduellement et par un mouvement lent, ils ont presque toujours été subits. Nous en avons la preuve dans ces déchirements grands et profonds des roches, dans leurs relèvements brusques et leurs escarpements aiguillés.

Si nous nous élevons vers les sommets escarpés des grandes chaînes, nous verrons les restes de l'antique matière organique devenir plus rares, et bientôt les débris des animaux marins et de toutes ces innombrables coquilles disparaître entièrement. Les roches qui forment ces grandes crêtes nous montreront, par leur état cristallin, qu'elles ont été autrefois fluides, et, par la nature de leurs cristaux, qu'elles ont été tenues en dissolution par la chaleur. Cependant, comme les couches coquillères ne sont pas toutes composées de la même matière, elles n'ont pas toutes été formées de la même manière et dans le même temps. Leurs nombreuses et profondes fissures, le désordre souvent inextricable qui affecté ou paraît affecter leurs masses, ne sont-ils pas autant de marques, autant de preuves qu'elles ont eu aussi leurs bouleversements, leurs catastrophes, et même plus nombreux et plus généraux que ceux des couches coquillères. Les masses et les couches de ces terrains cristallins s'enfoncent sous celles des terrains qui renferment les restes de la matière organique. Elles ont même relevé ces dernières, puisque celles-ci s'appuient obliquement sur elles. Ces roches cristallines, qui ne montrent aucune trace d'êtres organisés, ont donc préexisté aux terrains qui ont nourri les animaux avant ces terrains, elles ont donc aussi formé la surface du globe. La terre était donc alors sans habitants; des époques se sont donc écoulées et des révolutions se sont succédées avant que la vie apparût sur le globe.

Telles sont les conséquences, étonnantes il est vrai, mais certaines, mais inévitables, où conduit la simple observation des objets qui nous environnent et que nous pouvons vérifier dans presque tous les pays.

Quand la vie a commencé à apparaître sur ce globe, elle ne s'y est pas développée paisiblement, elle a lutté en quelque sorte contre la matière inerte qui agissait comme si elle eût voulu reprendre la domination qu'elle avait exercée dès l'origine. En effet les premières couches qui portent des traces de vie sont coupées dans tous les sens par des lambeaux de roches cristallines qui semblent avoir fait effort pour les recouvrir. Ce n'est qu'un peu plus tard, ou un peu plus haut dans la série des dépôts, que les couches coquillères se montrent et que la matière organique, la vie enfin, semble prendre quelque importance.

En examinant avec soin les restes organiques qui sont enfouis dans chacune de ces couches, à partir des plus profondes, on remarque que les fossiles de nature différente ne sont pas irrégulièrement dispersés dans la succession des dépôts, mais qu'ils s'y montrent par groupes correspondants aux grandes périodes de formation ; que les genres et les espèces deviennent de plus en plus variés et nombreux à mesure que l'on s'élève dans la série des couches ; que, dans les couches anciennes des êtres fossiles, ils diffèrent en général, comme nous l'avons déjà dit, de ceux qui vivent aujourd'hui ; qu'ils paraissent s'en rapprocher de plus en plus à mesure qu'ils se trouvent dans des couches plus supérieures ; que la végétation et l'organisation animale se sont développées de manière que les êtres les plus simples sont ceux qui se montrent les premiers : les êtres les plus compliqués, et que nous regardons comme plus parfaits, ne se montrent que plus tard, c'est-à-dire plus haut dans la série des couches ; qu'il y a eu dans la nature végétale et animale des changements brusques, correspondants aux perturbations que nous avons remarquées dans la série des dépôts, et dès lors aussi aux grands événements qui ont plusieurs fois modifié la surface du globe.

Tout semble prouver que l'étendue des mers est toujours allée en diminuant, car on remarque que les dépôts marins sont d'autant plus limités qu'ils sont plus modernes et que la température a éprouvé une oscillation, car les fossiles des dernières couches qui se rapprochent le plus des êtres actuellement vivants, n'ont d'analogues que parmi ceux des régions intertropicales, quoique nous les trouvions aujourd'hui dans des régions froides; tandis que, d'une autre part, nous trouvons les traces de l'ancienne existence d'immenses glaciers, dans des régions où la température actuelle les rendrait impossibles à l'époque où nous vivons. Tous ces changements de la surface de la terre, les uns lents et progressifs, les autres subits, ont exercé une telle influence sur les êtres organisés qu'ils ont amenés graduellement à l'état de développement ou de perfectionnement où nous les voyons aujourd'hui, et que, graduellement aussi, ils ont fait disparaître des races anciennes qui, maintenant, sont complètement anéanties.

Dans le règne végétal, ce sont les plantes les plus simples par leur structure qui se montrent les premières; d'abord les cryptogames, puis des plantes en quelque sorte intermédiaires entre celles-ci et les véritables phanérogames, puis les monocotylédones et enfin, dans les dernières périodes de formation du sol, les plantes dicotylédones. Dans le règne animal on voit aussi paraître en premier lieu les plus simples des animaux, les zoophites (coraux, madrépores, etc.), les mollusques à coquilles, les crustacés, les poissons, ensuite les reptiles, et enfin, dans les couches les plus supérieures, les oiseaux (1) et les mammifères; et il est à remarquer

---

(1) M. Nitchcock a cependant dernièrement reconnu des traces d'oiseaux dans le grès rouge.

que chaque espèce paraît avoir été organisée de manière à être au mieux possible dans le milieu qu'elle habitait. Quant aux ossements humains, on n'en trouve que dans les terrains meubles de formation moderne et dans les fentes des rochers, où ils paraissent avoir été apportés par les eaux ou être tombés par accident. L'homme, ce chef-d'œuvre du créateur, est donc tout nouveau sur la terre; il n'a donc paru qu'après toutes les autres classes d'animaux, comme s'il n'était venu qu'au moment où la surface du globe aurait été préparée de la manière la plus propre à le recevoir.

Cet exposé trop rapide et trop imparfait, sans doute, des phénomènes qui ont amené l'ordre de choses dans lequel nous vivons, suffirait peut-être pour faire sentir combien il est important d'étudier spécialement chacune des formations de terrain dont nous avons indiqué l'existence, et même chacune des couches qui entrent dans ces formations. Cette étude conduit au perfectionnement de la chronologie géologique et palæonthologique, et à la connaissance des richesses minérales que renferment les différentes couches qui forment l'écorce solide du globe. C'est pourquoi nous allons donner quelques notions générales sur celles des substances minérales qui entrent le plus souvent dans la formation de ces couches, et nous ferons suivre ces notions d'une exposition ou énumération rapide des roches les plus importantes géognostiquement; mais en faveur des personnes qui n'ont pas de notions suffisantes de physique et de chimie, nous donnerons d'abord quelques définitions.

CONSTITUTION INTIME DES CORPS.

Les corps qui tombent sous nos sens ne doivent pas être considérés comme formant des masses continues sans vide dans leur intérieur et remplissant exactement la portion de l'espace qu'ils paraissent occuper et qu'on appelle leur *volume* : ce ne sont que des assemblages de parties infiniment petites que l'on appelle *molécules*, disjointes, laissant entre elles des vides invisibles, même au mycroscope, que l'on nomme *pores*. Ces molécules sont tenues dans une dépendance mutuelle de très-petites distances, par des *forces* que nous allons faire connaître.

Des différents états sous lesquels les Corps se présentent.

Il existe trois états différents de consistances sous lesquels tous les corps se présentent : ce sont l'état *solide*, l'état *liquide* et l'état *gazeux* ou *aériforme*. Un corps est *solide* lorsque l'adhérence de ses molécules est assez grande pour qu'une partie du corps ne puisse se mouvoir sans entraîner les autres. Il est *liquide* lorsque ces molécules ont assez peu d'adhérence pour pouvoir glisser librement les unes sur les autres et céder, indépendamment du reste de la masse, au moindre effort que l'on ferait pour les mouvoir ; enfin il est *fluide aériforme*, lorsque les molécules, loin d'être adhérentes, font effort pour s'éloigner les unes des autres, et un tel corps se dissiperait bientôt dans l'espace s'il n'était retenu par des obstacles.

Quelles sont les causes de ces différences d'état? En général, si on chauffe un corps solide, on le voit d'abord augmenter de volume, on dit alors que le corps se *dilate*. Si on le chauffe encore davantage, la *dilatation* augmente, et bientôt on le voit devenir liquide, on dit alors qu'il est *fondu*.

Si on continue de le chauffer, le liquide se dilate d'abord et même dans de plus grandes proportions que lorsque le corps était solide; puis il passe à l'état *gazeux* ou *aériforme* avec une force d'expansion souvent irrésistible, et il aura pris un volume un grand nombre de fois égal à celui du liquide, on dit alors qu'il est *vaporisé*. Maintenant si on reçoit la *vapeur* dans un récipient propre à cet usage, et qu'on la laisse se refroidir, on la verra d'abord redevenir liquide, elle sera ce qu'on appelle *précipitée*. Si le refroidissement continue, ce liquide, après avoir d'abord diminué de volume ou s'être *condensé* ou *contracté*, repasse à l'état solide, et l'on retrouve ainsi le corps sur lequel on avait opéré. On voit donc que les phénomènes repassent, comme si les molécules des corps étaient douées d'une force attractive qui tendrait à les précipiter les unes sur les autres, tandis que le *calorique* ou le principe de la chaleur aurait la propriété de s'introduire entre ces mêmes molécules en faisant, pour les écarter, un effort proportionnel à sa quantité. A la vérité, dans nos laboratoires, nous ne pouvons pas toujours faire passer ainsi un corps par les trois états; il en est, comme la chaux, le cristal de roches, etc., qui restent solides au milieu des plus grandes chaleurs que nous puissions produire ; mais cela tient uniquement à ce que nos moyens ne sont pas assez puissants ; et tous subiraient la loi commune si nous pouvions les soumettre à l'action d'une quantité suffisante de calorique ; nous aurons occasion de reconnaître que la nature a plusieurs fois fondu les corps *réfractaires* pour nous.

Dans ce système, on dit qu'un corps est *solide* lorsque l'attraction que les molécules exercent les unes sur les autres, et que l'on appelle la force de *cohésion*, l'emporte sur la force répulsive du calorique. On dit qu'il est *liquide*, lorsque ces deux forces se font équilibre ; enfin, il est *gazeux* ou *fluide élastique*, lorsque la force répulsive du calorique l'emporte sur la force de cohésion.

Il suit de là que si, par exemple, dans un corps gazeux on augmente ou aide la force de cohésion ou l'*affinité* des molécules, par une pression suffisante, cette force de cohésion deviendra prépondérante, les molécules se rapprocheront, une portion du calorique sera en quelque sorte repoussée, et cette portion, devenue libre, se fera sentir aux corps environnants, c'est-à-dire qu'elle *élèvera leur température;* cette élévation de température, cette chaleur *dégagée* sera même très-grande, si, par la compression, on a subitement diminué de beaucoup le volume de gaz, et bien plus grande encore si on a forcé ce gaz à repasser à l'état liquide. Tout le monde connaît le briquet pneumatique à l'aide duquel on brûle un morceau d'amadou par le calorique dégagé d'une petite quantité d'air, assez faiblement, mais subitement comprimée. Le contraire aura lieu si, augmentant, ou plutôt aidant, par les moyens physiques qui sont à notre disposition, la force répulsive du calorique, on fait passer un solide ou un liquide à l'état gazeux, ou un gaz d'une certaine densité à un état moins dense. Dans ce moment, cette force étant devenue prépondérante, aucune portion du calorique du corps ne sera repoussée, non employée, c'est-à-dire libre, et dès lors la température de ce corps diminuera ou s'*abaissera*; c'est-à-dire qu'il se refroidira; cet abaissement de température sera considérable si le corps change subitement d'état; et comme le principe de la chaleur tient toujours à se mettre en équilibre entre tous les corps, celui qui se refroidira *absorbera* le calorique de ceux qui l'environneront; ceux-ci éprouveront donc aussi un refroidissement, et, s'ils sont liquides, ils pourront être gelés, c'est-à-dire *solidifiés*, si leur perte de calorique est suffisante.

Si on chauffe un liquide, nous avons vu qu'on arrivera à une température telle que la force répulsive du calorique l'emportera sur la cohésion; alors il *passera en vapeur*, et, si le liquide est chauffé par le bas ou par côté, et qu'il soit de telle nature que la chaleur ne puisse pénétrer facilement sa masse, c'est-à-dire *mauvais conducteur du calorique*, les vapeurs se formeront aux points les plus échauffés, et, comme plus légères, elles s'élèveront; mais elles ne pourront le faire qu'en déplaçant le liquide, ce qui produira l'*ébullition*. Arrivé à ce point, le liquide ne s'échauffera pas davantage, parce que tout le calorique qui surviendra pourra faire passer le liquide en vapeur, sans résistance, et que cette résistance est la cause unique de l'élévation de température. De même, si, à l'aide de la chaleur, vous faites passer un corps solide à l'état liquide, si, par exemple, vous chauffez de la glace, sa température s'élèvera d'abord jusqu'au moment où elle commencera à fondre. Arrivée à ce point, elle ne s'échauffera plus, quelque effort que vous fassiez, tant qu'elle ne sera pas entièrement fondue, parce que tout le calorique que vous lui communiquerez de nouveau, pourra, sans éprouver de résistance, écarter les molécules de cette glace, et la liquéfier.

Pour mesurer les températures des corps, on emploie un instrument nommé *thermomètre*, composé d'un tube de verre, à l'extrémité duquel on a soufflé une boule. On introduit du mercure dans cette boule jusqu'à une certaine hauteur du tube. On plonge la boule dans de la glace fondante; le mercure se condense par le refroidissement, et descend plus bas dans le tube, jusqu'à un certain point qui reste fixe, pour les raisons que nous venons de donner. On marque 0 à ce point; puis on plonge l'appareil dans l'eau bouillante : le mercure se dilate, s'élève dans le tube jusqu'à un autre point fixe que l'on marque 100. Il ne reste plus qu'à diviser l'intervalle de 0 à 100 en cent parties égales, et à prolonger la division au-dessus de 100 et au-dessous de 0, pour avoir un *thermomètre* propre à faire connaître la température des lieux dans lesquels on le placera. Ces indications seront comparables à celles que donneront tous les thermomètres gradués d'après le même principe. Mais si une impression s'oppose à la dilatation du liquide, à la dispersion de ses molécules, en un mot, à la formation des vapeurs, la température s'élèvera davantage, avant que le liquide n'entre en ébullition; elle s'élèvera même indéfiniment si la pression est indéfinie.

DE LA PESANTEUR TERRESTRE ET DE LA GRAVITATION UNIVERSELLE.

Nous avons dit que toutes les molécules ou tous les atômes d'un corps s'attirent entre eux, et tendent constamment à se réunir pour former un solide; mais cette attraction ne s'exerce pas seulement entre les molécules d'un même corps, elle a lieu aussi entre celles des corps différents : c'est pourquoi, lorsque nous abandonnons un corps quelconque à lui-même, nous le voyons se précipiter suivant une direction tendant au centre de la terre, direction nommée *verticale;* elle est le résultat, ou la *résultante*, de la somme des attractions qui s'exercent entre les atômes du corps abandonné et ceux du sphéroïde terrestre. La force qui résulte de cette somme d'attractions est ce qu'on appelle la *pesanteur terrestre*. L'effort plus ou moins grand qu'il faut faire pour empêcher un corps d'obéir à cette force constitue le *poids* de ce corps; le poids d'un corps ne lui est donc pas essentiel, pas plus que l'effort que fait une barre de fer pour s'élancer de bas en haut, sur une pierre d'aimant.

La pesanteur s'exerçant sur chaque molécule d'un corps, elle a d'autant plus d'action sur ce corps, elle est d'autant plus *énergique* qu'il renferme plus de molécules matérielles sous le même volume ; c'est-à-dire qu'il a plus de *masse* ou qu'il est plus *dense*. Des corps différents peuvent donc, sous le même volume, avoir des poids inégaux : c'est en cela que consiste le *poids spécifique* ou la *densité* des corps. On est dans l'habitude de comparer cette densité à celle de l'eau distillée. Ainsi le *poids spécifique d'un corps* est égal au nombre de fois que ce corps pèse autant qu'un pareil volume d'eau.

La pesanteur terrestre n'est qu'un cas particulier de l'attraction qui règne entre toutes les molécules matérielles de l'univers. Tous les corps de la nature, même les plus éloignés, s'attirent en raison directe de leurs masses et en raison inverse du carré de leurs distances. Et pour ce qui est de notre système solaire en particulier, c'est cette attraction qui retient les planètes et règle leurs mouvements dans leurs orbites autour du soleil. Cette attraction générale est désignée sous le nom de *gravitation universelle*. Elle se manifeste à la surface de la terre par la production des marées, qui résultent des attractions combinées que la lune et le soleil exercent sur la terre.

Il suit de là et des lois les plus simples de l'équilibre, et il importe pour notre objet de remarquer cette vérité, que si une masse liquide se trouvait dans l'immensité des espaces, assez éloignée de tous les autres corps pour n'éprouver de leur part qu'une attraction faible en comparaison de sa force de cohésion, c'est-à-dire de l'action mutuelle de ses propres molécules, elles se disposeraient sous la forme d'une sphère ; et si cette masse n'était pas *homogène*, c'est-à-dire n'était pas formée de parties de même nature, celles d'entre ces parties qui auraient la plus grande pesanteur spécifique, obéissant à une attraction plus énergique, et attirant elle-même plus fortement les autres, se trouveraient placées plus près du centre.

DE L'ATMOSPHÈRE ET DE LA COMBUSTION.

La terre est enveloppée d'une couche gazeuse d'environ sept myriamètres de hauteur que l'on appelle *atmosphère*. Elle est composée en très-grande partie de gaz permanents, c'est-à-dire tels qu'aucun froid ni aucune pression connus ne peuvent leur faire changer leur état. Ces deux gaz principaux sont l'*oxygène*, qui entre pour 21 centièmes dans sa masse, et l'azote, qui y entre pour 79. Elle contient en outre une légère quantité d'*acide carbonique* et de vapeur d'eau. C'est un fluide transparent, invisible, sans odeur ni saveur, pesant 770 fois moins que l'eau, compressible et parfaitement élastique. Malgré cette grande légèreté spécifique, elle ne laisse pas d'exercer une grande pression sur la surface de la terre. C'est cette pression qui soutient, dans le tube barométrique, une colonne de mercure de la hauteur moyenne de soixante-seize centimètres. Cette hauteur augmente si le baromètre est placé plus bas dans l'atmosphère, et elle diminue, s'il est placé plus haut. En partant de cette hauteur moyenne de $0^m,76$, il est facile de calculer la pression de l'air sur une surface donnée. On trouve qu'elle est de 10,335 kilogrammes sur un mètre carré. La surface du corps d'un homme de moyenne taille peut être évaluée à un mètre carré et demi. Il supporte donc une pression égale à 15,502 kilog., pression énorme dont il ne s'aperçoit pas, parce qu'elle s'exerce en tous sens, au dedans comme au dehors : pression cependant assez petite comparativement à celle que doivent supporter les poissons vivant dans la mer, à sept ou huit cents mètres de profondeur.

Si, dans une portion d'air isolée du reste de l'atmosphère, on brûle un peu de phosphore, par exemple, on trouve, après la combustion, qu'un quart environ de la portion d'air sur laquelle on a opéré est détruit. Si, dans l'air qui reste, on plonge une bougie allumée, ou tout autre corps en ignition, il s'éteint sur le champ. De même, si on y plonge un animal, il meurt. Maintenant, si on recommence l'expérience en plaçant d'abord un animal dans la portion d'air isolée, on verra bientôt sa respiration devenir laborieuse, l'animal tomber en convulsions et mourir.

Après sa mort, on trouvera également qu'environ un quart de l'air manque; et si on plonge dans le résidu un autre animal, il y meurt promptement; un corps en ignition s'y éteint subitement. C'est donc la même portion d'air atmosphérique qui est propre, et seule propre, à la respiration des animaux et à la *combustion* des corps. La *combustion* des corps, l'action de se brûler, n'est donc autre chose que la *combinaison* d'un corps avec une portion de l'air atmosphérique ; et l'on voit que l'acte de la respiration n'est aussi qu'une sorte de combustion; c'est pourquoi cette portion de l'atmosphère avait d'abord été nommée *air vital*. Mais en considérant que lorsqu'on chauffe un métal dans une portion d'air, également isolée, il perd bientôt son éclat, se recouvre d'une couche terne, terreuse, pulvérulente, et qu'environ un quart de l'air a encore été absorbé; qu'enfin si on plonge dans le résidu un corps en ignition et un animal, le premier s'éteint sur le champ, et le second meurt bientôt : on a reconnu que l'air vital était propre aussi à se combiner avec les métaux, c'est-à-dire que ces derniers étaient aussi des *corps combustibles*, et comme très-souvent le produit de cette combustion est un *acide*, on a plus tard nommé l'air vital gaz *oxygène*, qui signifie *engendrer acide*.

La grande portion de l'air atmosphérique, qui n'est propre ni à la combustion ni à la respiration, a été pour cette raison nommée *azote*, qui signifie *sans vie*. Il n'est pas un poison; les animaux qui y sont plongés meurent seulement faute d'oxygène, comme ils mourraient dans le vide.

L'azote, quoique impropre à la respiration et à la combustion, ne reste pas sans fonctions importantes. Quand on considère les énormes et nombreux pachydermes, et tous les autres herbivores, que nous élevons avec une nourriture qui ne contient pas ou presque pas d'azote, il devient très-probable que ces animaux s'assimilent, dans leur développement, de celui de l'atmosphère, puisque ce corps constitue la base de la substance animale.

D'après ce qui a été dit plus haut, on saisit facilement la cause de la grande chaleur qui accompagne toujours la combustion lorsqu'elle est rapide : l'oxygène en se combinant avec les corps passe à un état plus dense, il abandonne donc la portion de calorique qui le tenait à l'état de gaz; or, dans les gaz, cette portion est toujours considérable. Cette chaleur peut aussi provenir de ce que le produit de la combustion n'a pas la même *capacité* pour le calorique, que chacun de ses principes constituants. Si le corps est brûlé lentement, la quantité d'oxygène absorbée dans un temps donné sera petite, par conséquent, la quantité de calorique abandonnée le sera aussi, et dès lors ne sera pas capable d'élever sensiblement la température des corps environnants entre lesquels elle se distribuera. On conçoit donc la possibilité de combustion sans dégagement *sensible* de chaleur. Ces combustions sont même les plus ordinaires; ce sont celles qui s'opèrent continuellement dans l'atmosphère. En effet, lorsqu'on expose un métal à l'air, à la température ordinaire, il se rouille bientôt, c'est-à-dire qu'il absorbe lentement l'oxygène de l'atmosphère, ce qui le couvre d'une couche terne, pulvérulente et de couleur variable avec la nature du corps; or, cette absorption d'oxygène est une véritable combustion qui se fait ordinairement sans dégagement sensible de chaleur.

Lorsqu'un corps est brûlé, nous avons dit que le produit de la combustion était souvent un *acide*. On appelle ainsi une substance qui a une saveur aigre, et qui, comme le vinaigre, a la propriété de rougir certaines couleurs bleues végétales, par exemple, la teinture de tournesol; tels sont, entre autres, les résultats de la combinaison des plus grandes proportions d'oxygène avec le *soufre*, l'*azote*, le *phosphore*, l'*arsenic*, le *carbone*, le *silicium*, etc., dont nous allons parler. Souvent aussi la combustion ne donne qu'un corps insipide et sans action sur la teinture de tournesol, on le nomme alors *oxyde*. Par exemple, les combinaisons de l'oxygène avec les métaux aluminium, glucinium, magnésium, etc., dont nous parlerons plus bas, qui donnent des oxydes blancs, sans saveur, pulvérulents, connus dans le commerce sous les noms d'alumine, de glusine, de magnésie, etc. Les métaux les plus usuels donnent aussi des oxydes. D'autres fois les corps produits ont bien une saveur, mais elle est caustique et non pas aigre, et, loin de rougir les couleurs bleues végétales, ils ramènent au bleu celles qui ont été rougies par un acide. Ces corps sont appelés *alcalis*, et font partie de la classe générale des oxydes; telles sont les combinaisons de l'oxygène avec les corps nommés potassium, sodium, barium, calcium, et quelques autres qui donnent les alcalis connus sous les noms de potasse, de soude, de barite, de chaux, etc. Les oxydes et les alcalis sont aussi appelés, d'un nom commun, *bases salifiables* pour la raison que nous allons donner.

Les acides et les oxydes ont une grande affinité réciproque, une grande tendance à se combiner. Les composés qui résultent de ces combinaisons sont appelés *sels*. Ordinairement les propriétés caractéristiques de l'acide et de la base d'un sel ont disparu en tout ou en partie, on dit alors que ces corps se sont *neutralisés*, et c'est là le caractère de la combinaison chimique.

Si un corps combustible peut se combiner en plusieurs proportions avec l'oxygène, et former, par exemple, deux acides, le plus oxygéné se termine en *ique*, et le moins oxygéné en *eux*. Exemple : *acide sulfurique*, nommé autrefois *huile de vitriol*, *acide sulfureux*; *acide azotique* (nitrique), connu autrefois sous le nom d'*eau forte*, *acide azoteux* (nitreux); *acide silicique* (silice). Si le corps combustible peut se combiner en plusieurs proportions avec l'oxygène pour donner des oxydes en bases salifiables, deux par exemple, le plus oxygéné se termine aussi en *ique* et le moins oxygéné en *eux*. Exemple : *oxyde ferrique, oxyde ferreux*. On dit aussi *protoxyde* pour le moins oxygéné, et pour les degrés suivants : *deutoxyde, tritoxyde*, etc. Exemple : *protoxyde de manganèse, deutoxyde de manganèse, tritoxyde de manganèse*.

Un sel se désigne par le nom de l'acide auquel on donne une terminaison particulière, suivi du nom de l'oxyde qui entre dans la composition de ce sel. Si le nom de l'acide est terminé en *eux*, dans le nom du sel il le sera en *ite*; si la terminaison est en *ique*, pour le sel elle sera en *ate*. C'est ainsi que le mot *carbonates* désigne en général les sels qui ont pour oxyde l'acide carbonique; le mot *sulfates* désigne ceux qui proviennent de l'acide sulfurique, le mot *sulfites* ceux qui sont produits par l'acide sulfureux, etc. C'est ainsi que l'on dit *carbonate de protoxyde de fer* ou *carbonate ferreux*; *sulfate de chaux* ou *sulfate calcique*; *sulfite de deutoxyde d'étain* ou *sulfite stannique*; *silicate d'alumine* ou *silicate aluminique*, etc.

L'affinité qui règne entre les acides et les bases salifiables n'a pas la même énergie pour tous; d'où il suit que si un sel étant formé, on le met en contact avec un acide dont l'affinité pour la base de ce sel soit plus grande, cette base abandonnera le premier acide auquel elle était unie pour se combiner avec le nouveau. Il en résultera la décomposition du premier sel et la formation d'un second. On est souvent obligé de pulvériser les corps ou de les dissoudre, et de les chauffer pour favoriser la *réaction*. Le calorique en écartant les molécules diminue leur force de cohésion et favorise par là celle de combinaison. Si l'acide abandonné se dégage à l'état de gaz, il reproduira une sorte d'ébullition, d'*effervescence*. Exemple : un acide liquide versé sur un carbonate.

PREMIÈRES NOTIONS
SUR
QUELQUES-UNS DES CORPS SIMPLES
QU'IL EST INDISPENSABLE DE CONNAITRE EN **GÉOLOGIE**.

On appelle corps simple celui qui n'a pas encore pu être décomposé par aucun des moyens qui sont à notre disposition, c'est-à-dire celui dans lequel on n'a pas encore pu trouver des principes constituants de natures différentes.

Hydrogène.

L'*hydrogène*, connu anciennement sous le nom d'air inflammable, est un gaz sans couleur, qui est quatorze fois plus léger que l'air atmosphérique. Impropre à la respiration, il est très-combustible : mêlé avec le gaz oxygène, et chauffé convenablement, il s'enflamme avec une violente détonation. Le produit de la combustion est de l'eau; de là le nom d'*hydrogène*, qui veut dire *générateur de l'eau*. L'eau n'est donc qu'un oxyde hydrogène ou une combinaison d'hydrogène et d'oxygène dans la proportion de deux volumes du premier à un volume du second, ou de onze à quatre-vingt-neuf en poids.

L'hydrogène ne se trouve dans la nature qu'à l'état de combinaison avec d'autres corps; il a la propriété de former avec plusieurs d'entre eux des composés qui ont toutes les propriétés des acides. Pour distinguer ces acides de ceux formés par l'oxygène, on fait précéder le nom de l'acide du mot *hydro*. C'est ainsi que l'on dit *acide hydrosulfurique*. Les noms des sels formés par ces acides se composent de la même manière. Ainsi on dira *hydrochlorate de soude* ou *hydrochlorate sodique* (sel marin liquide); pour exprimer la combinaison de l'acide *hydrochlorique* avec la soude.

Carbone.

On donne le nom de *carbone* au charbon purifié. C'est un corps simple, solide, sans odeur ni saveur, et dont l'aspect extérieur est très-variable. Ordinairement il est noir, sans éclat et facile à pulvériser; quelquefois il est noir, compacte, avec un aspect demi-métallique : c'est ainsi qu'on le voit dans l'anthracite; enfin quand il est limpide comme le verre, doué d'un vif éclat, et si dur qu'il raie tous les autres corps, c'est le *diamant*.

Le carbone pur brûle dans l'air, sans laisser aucun résidu, et se transforme par cette combustion en un gaz acide. C'est l'*acide carbonique*, gaz incolore, impropre à la combustion et qui asphyxie promptement les animaux qui le respirent. Il existe tout formé dans l'atmosphère, mais toujours en quantités subordonnées. Il est en dissolution dans certaines eaux minérales. Il pèse environ une fois et demie autant que l'air.

Le carbone entre comme principe constituant dominant dans les végétaux, qui sont composés de carbone, d'hydrogène et d'oxygène; c'est pourquoi l'acide carbonique est nécessaire à la vie des végétaux qui s'emparent, principalement par leurs feuilles, de son carbone et rejettent l'oxygène. C'est encore pourquoi il se dégage des matières végétales en fermentation, mais alors il n'est pas pur.

Soufre.

Le *soufre* est un corps simple, solide à la température ordinaire, d'un jaune citron, et sans saveur, pesant deux fois autant que l'eau. Il est très-friable, prend une légère odeur par le frottement; et lorsqu'on le serre dans la main ou qu'on l'échauffe légèrement, il se brise en faisant entendre un craquement particulier qui peut être propre à le faire reconnaître. Il fond à une température un peu supérieure à celle de l'eau bouillante, et passe en vapeurs à une température plus élevée. Ces vapeurs, en se précipitant, forment une poudre impalpable connue sous le nom de *fleur de soufre,* et que l'on rencontre souvent aux environs des volcans en activité. Il brûle dans l'air avec une flamme bleuâtre; le résultat de cette combustion est l'*acide sulfureux,* qui est gazeux à la température ordinaire, et répand l'odeur des allumettes brûlées. Combiné avec une plus grande proportion d'oxygène, le soufre donne l'*acide sulfurique,* qui est ordinairement liquide, d'une consistance oléagineuse, sans odeur. Ce liquide est doué des propriétés des acides au plus haut degré, et connu autrefois sous le nom d'*huile de vitriol.*

Phosphore.

C'est un liquide presque transparent, flexible, incolore ou rougeâtre, qui a une odeur d'ail et pèse presque deux fois autant que l'eau, brûle lentement à toutes les températures, et paraît, à cause de cela, lumineux dans l'obscurité; il est donc très-combustible aussi à la température de l'eau tiède, il s'enflamme dans l'air et brûle avec une grande rapidité. Cette combustion donne, selon les circonstances, quatre acides à des degrés différents, dont le plus important est l'*acide phosphorique,* qui existe dans les os de tous les animaux et dans les coquilles où il est combiné avec l'*oxyde de calcium,* c'est-à-dire que ces corps contiennent tous du *phosphate de chaux.*

Fluore ou Phtore.

Il existe dans la nature un minéral nommé anciennement *spath-fluor*, qui paraît être une combinaison de calcium et de fluore ; mais jusqu'à présent on n'a pu isoler ce dernier corps. Ce minéral est plus connu aujourd'hui sous le nom de *chaux fluatée*, *hydrophtorate de chaux* ou *fluorure de calcium*. L'acide nommé *fluorique* ou *hydrophtorique* est regardé comme composé d'hydrogène et de fluore ou phtore.

Silicium.

Le cristal de roche, l'agathe, la pierre à fusil, le jaspe, les cailloux, le sable dur, le grès, etc., sont composés, les uns en totalité, les autres en grande partie, d'une substance blanche, pulvérulente, rude au toucher, insoluble dans l'eau et nommée *silice* : seule elle est infusible ; mais en la chauffant avec de la potasse ou de la soude, avec de la chaux et de l'alumine, etc., elle donne du verre ou des composés vitreux. Elle est formée d'oxygène et d'un corps simple également infusible, brun de noisette et sans éclat métallique, nommé *silicium*. Elle tire son nom des cailloux ou *silex*, dont elle forme, comme nous l'avons dit, la plus grande partie de la substance.

La silice se combine bien avec les alcalis et les autres oxydes, en neutralisant leurs propriétés et formant avec eux des composés stables ; c'est pourquoi elle est nommée aujourd'hui *acide silicique*, et les composés qu'elle forme *silicates*. Lorsqu'on obtient cet acide par la décomposition d'un de ses sels, il est à l'état de *gelée* (d'hydrate), alors il est un peu soluble dans l'eau; mais une fois desséché il redevient parfaitement insoluble.

De quelques oxydes.

Oxydes terreux ou *terres*. Ce sont des oxydes dont on ne peut séparer les métaux de l'oxygène auquel ils sont combinés, c'est-à-dire les *réduire*, qu'avec la plus grande difficulté. Ils entrent, comme base, dans la composition des sels. Ils sont généralement sans saveur, pulvérulents, infusibles, insolubles dans l'eau et peu solubles dans les acides. Les plus importants sont l'*alumine* et la *magnésie*.

L'*alumine*, nommée aussi *terre argileuse*, parce qu'elle est la base des argiles, est regardée comme un oxyde du métal *aluminium*. Elle se présente dans la nature sous la forme d'une pierre extrêmement dure; mais lorsqu'on l'obtient artificiellement, elle est sous la forme d'une poudre blanche, douce au toucher, insoluble dans l'eau et *faisant pâte avec elle*. Les terres grasses qui jouissent de cette dernière propriété le doivent à l'alumine.

La *magnésie*, ou oxyde de magnésium, se précipite de ses dissolutions salines sous forme de poudre blanche, douce et onctueuse au toucher. Elle se rapproche un peu des alcalis par ses propriétés chimiques. Elle forme la base du *sel d'Epsom* (sulfate de magnésie); elle existe dans l'écume de mer (magnésite), et dans plusieurs sortes de roches.

Oxydes alcalins ou *alcalis*. Les alcalis sont, comme les terres, des oxydes métalliques que l'on ne peut réduire qu'avec la plus grande difficulté. Ils sont aussi infusibles, ils ont une grande tendance à se combiner avec les acides, et forment avec eux des sels bien stables; cependant il est facile de les distinguer des terres, car leurs propriétés sont en quelque sorte opposées. En effet, les alcalis sont bien solubles dans l'eau, ils ont une saveur âcre ou de lessive, ils sont caustiques, c'est-à-dire qu'ils désorganisent promptement les matières animales. De plus, ils verdissent le sirop de violette et ramènent au bleu la teinture de tournesol rougie par un acide. Parmi les alcalis, nous dirons un mot de la *potasse*, de la *soude*, de la *baryte* et de la *chaux*.

La *potasse*, oxyde du métal potassium, est un corps solide d'un blanc grisâtre, éminemment soluble dans l'eau. Elle a tant d'affinité pour l'eau, que quand on verse celle-ci sur un morceau de potasse, elle est absorbée et solidifiée instantanément, d'où résulte un grand dégagement de chaleur. Exposée à l'air, la potasse en absorbe l'acide carbonique et se transforme en *carbonates*. La potasse est commune dans la nature. Elle fait partie des cendres des végétaux terrestres et entre dans la composition d'un grand nombre de roches.

La *soude*, ou oxyde de sodium, a presque toutes les propriétés physiques de la potasse, mais elle en diffère par quelques propriétés chimiques : par exemple, la potasse exposée à l'air, en attire l'humidité jusqu'au point de se réduire en eau, tandis que la soude, au contraire, s'y dessèche et devient pulvérulente, c'est-à-dire s'*effleurit*, ce qui fournit un moyen facile de les distinguer. La soude se trouve dans la cendre des végétaux marins, et forme, comme nous l'avons déjà dit, la base du sel marin et du sel gemme.

La potasse et la soude s'unissent facilement à l'alumine, et dans cette union forment, avec les acides, des sels à base *double*.

La *baryte*, oxyde de barium, est en masse poreuse d'un blanc grisâtre, très-pesante, vénéneuse. Ele forme avec l'acide sulfurique un sulfate pesant, parfaitement insoluble dans l'eau et très-stable ; cette propriété fait que l'une de ces deux substances sert de *réactif* pour reconnaître la présence de l'autre dans un composé donné. Ce sulfate de baryte, ou *baryte sulfatée*, se trouve en filons dans les mines métalliques et en lames dans le grès vosgien. Il forme aussi de petits filons dans le terrain triassique.

La *chaux*, ou *oxyde de calcium*, à l'état de pureté, est en masses solides et poreuses, d'un blanc grisâtre ; elle est moins corrosive que la soude et la potasse. Elle absorbe l'eau avec rapidité et grand dégagement de chaleur, et passe à l'état de *chaux hydratée* ou *chaux éteinte*. Comme tous les alcalis, exposée à l'air, elle en absorbe l'acide carbonique et passe à l'état de carbonates. Le marbre et en général les pierres calcaires ordinaires sont des carbonates de chaux impurs ; une forte chaleur suffit pour en chasser l'acide.

Les corps simples non métalliques se combinent

aussi entre eux et avec les métaux, et forment des composés stables à proportions bien déterminées. Ces composés, quoique formés sans l'intervention de l'oxygène, portent le nom de *sels haloïdes*. Pour les désigner, on place le nom du combustible non métallique le premier en le terminant en *ure* et on le fait suivre du nom du métal. C'est ainsi que pour exprimer le sel haloïde formé par le soufre et le fer on dit sulfure de fer. Pour indiquer dans quelle proportion le combustible non métallique entre dans le sel, on fait précéder son nom des mots *proto-*, *deuto-*, etc., comme pour les oxydes. Exemples : *deuto-sulfure de plomb* (galène). ***Proto carbure de fer*** (acier) ; et pour le plus haut degré on met *per*. Exemple : *percarbure de fer* (plombagine).

Si le composé est à l'état gazeux, on termine le second nom en *é*. Exemples : *gaz hydrogène sulfuré* (ce gaz ayant les propriétés d'un acide, on l'appelle aussi *acide hydrosulfurique*, ou mieux *acide sulfhydrique*) ; *gaz hydrogène carboné* (obtenu en distillant la houille) ; *gaz hydrogène phosphoré*, etc.

DES ROCHES OU GRANDES MASSES MINÉRALES.

On appelle roche toute substance minérale, simple ou complexe, qui se présente en grande masse.

Nous distribuerons les roches en deux grandes classes : en *roches stratifiées* et en *roches non stratifiées*.

Les *roches stratifiées* sont ainsi nommées parce

qu'elles sont composées de parties distinctes régulièrement superposées. Ces parties, dont l'épaisseur est toujours petite comparativement à l'étendue, et dont les grandes faces sont sensiblement parallèles, portent le nom de *couches* ou *strates* et sont séparées par des joints plus ou moins prononcés. Un *banc* est une couche épaisse ou *puissante*; un *lit* est une couche mince.

Les éléments de ces roches paraissent avoir été tenus en dissolution ou en suspension, dans les eaux qui les auraient précipités ou déposés ; c'est pourquoi ces roches sont aussi nommées *terrain de sédiment*. Ce qui les caractérise plus particulièrement, c'est de contenir des restes *fossiles* d'animaux et de végétaux, que ne renferment jamais les roches non stratifiées. Lorsque des couches sont superposées de manière à conserver le parallélisme entre elles, on dit que ces couches sont en *stratification concordante*; lorsque, au contraire, l'inclinaison de deux systèmes de couches qui sont en contact l'un avec l'autre et différents, on dit que ces deux systèmes de couches sont en *stratification discordante* ou *transgressive*.

Les *roches non stratifiées* forment les bases sur lesquelles reposent les premières. Elles se présentent en massifs plus ou moins puissants, et constituent des groupes d'une grande importance. Ces roches sont fréquemment comme introduites les unes dans les autres, et même dans les roches stratifiées, sans ordre apparent. Elles paraissent quelquefois avoir traversé, à l'état liquide, les roches préexistantes, dont elles remplissent les crevasses, et s'être épanchées de bas en haut à la surface du globe. Quand des masses minérales sont ainsi intercalées dans d'autres, on dit qu'elles y forment des *filons* ou des *dykes*. Elles sont à l'état de filons, toutes les fois qu'elles remplissent des fentes, c'est-à-dire qu'elles coupent les roches en formant des nappes dont l'épaisseur est petite comparativement à l'étendue. Les filons sont les gîtes les plus abondants des minéraux, surtout des substances métalliques. Elles sont à l'état de *dyke*, lorsqu'elles présentent une masse pierreuse uniforme, ayant la forme d'un coin, dont le tranchant est tourné vers le haut, et la base à une profondeur indéfinie. Enfin, elles sont en *culots*, toutes les fois qu'elles sont introduites dans d'autres roches en forme de cônes, dont le sommet est en haut. Ils sont quelquefois entièrement cachés dans la roche qu'ils ont pénétrée, mais d'autres fois ils forment à sa surface des proéminences plus ou moins considérables.

Les filons, les dykes et les culots prennent très-probablement leur origine dans des terrains massifs inférieurs, dont ils ne sont que comme des appendices. On peut les diviser en *roches massives* et en *roches feuilletées*.

Les *roches feuilletées*, qui ont aussi été appelées roches stratifiées inférieures ou non fossilifères, se trouvent à la partie supérieure des roches massives. Elles se lient fortement avec elles; les espèces minérales qui entrent dans leur composition sont les mêmes, elles ont seulement un arrangement particulier qui leur donne une fausse apparence de stratification. De plus, ces roches, après avoir passé insensiblement l'une à l'autre, passent au *granite* qui appartient aux roches massives.

Les roches massives se présentent en masses compactes de plus ou moins d'étendue, souvent divisées irrégulièrement en blocs prismatiques par de nombreuses fissures. Elles sont généralement composées de peu d'éléments essentiels que nous ferons connaître. Ces éléments, associés de manières diverses et en nombres différents, donnent naissance à des espèces qui ont reçu des noms particuliers.

ÉLÉMENTS ESSENTIELS DES ROCHES.

Le Quarz.

Le quarz est formé de silice pure. C'est l'une des espèces minérales les plus abondantes et les plus remarquables. Il n'entre pas pour moins de trois dixièmes dans la masse totale de la partie superficielle du globe. On le trouve dans tous les terrains et dans tous les modes de gisement. Il a l'aspect vitreux, quelquefois gras ; ses deux caractères distinctifs sont la dureté et l'infusibilité : le quarz raie le verre et l'acier ; il est donc plus dur que ces corps, aussi fait-il jaillir des étincelles du briquet qui le choque. Il est infusible au chalumeau, lorsqu'on le chauffe seul.

Considéré en grandes masses, il forme des couches, des amas et des filons de couleur blanche, grise, rougeâtre, jaunâtre, etc., unies ou bigarrées.

Le *silex* est un quarz non cristallin, seulement

translucide sur les bords et même opaque, dont la cassure au lieu d'être vitreuse est terne. Ses couleurs, qu'il doit à des substances étrangères, ordinairement des métaux, sont toujours ternes, ce qui le distingue du *jaspe*, qui n'est qu'un silex opaque à couleurs vives.

Le *quarzite* est un agrégat de grains de quarz en petits cristaux ou légèrement arrondis, formant des couches régulières dans les terrains stratifiés.

L'*agate* est un quarz translucide et susceptible de prendre un beau poli.

Le Feldspath.

Le feldspath est un silicate d'alumine de potasse et de chaux. Il est caractérisé par une dureté qui approche de celle du quarz, mais il s'en distingue par sa facile fusion en émail blanc, au chalumeau, et par un tissu lamelleux particulier lorsqu'il est cristallisé, ce qui est le cas ordinaire.

L'*albite* est un silicate alumino-sodique, qui renferme une proportion de silice un peu plus forte que celle contenue dans le feldspath, de couleur presque toujours banche, donnant des cristaux généralement compactes et d'aspect vitreux, fusible au chalumeau en émail blanc, inattaquable par les acides. C'est à peu près un feldspath dans lequel la potasse serait remplacée par la soude.

On nomme *pétrosilex* un minéral compacte, à base de feldspath, plus ou moins mêlé d'autres substances qui le colorent diversement, ce qui pourrait le faire prendre pour certain silex, s'il n'était fusible.

Le feldspath est susceptible de se décomposer par la perte de son alcali, que les agents atmosphériques suffisent quelquefois pour lui enlever, et d'une partie de sa silice, ce qui le transforme en une espèce d'argile blanche infusible, connue sous le nom de *kaolin*, et employée dans la fabrication de la porcelaine.

Le Mica.

Le mica se présente toujours en masses laminaires, en feuillets minces ou en paillettes. Il est divisible en lamelles d'une grande tenuité, brillantes, flexibles et élastiques. Il est fusible au chalumeau. Ses teintes ordinaires sont le brun, le vert, le noirâtre ou le blanc d'argent et le jaune d'or avec un éclat métalloïde. C'est un silicate alumineux, à base de potasse, d'oxyde de fer et de magnésie.

Le Talc.

Le talc est un silicate de magnésie à la base duquel se joint souvent le protoxyde de fer, ce qui donne alors une teinte verte à la substance. Il se présente comme le mica en feuillets minces et flexibles, mais ils sont mous et non pas élastiques comme ceux du mica. Il est d'ailleurs beaucoup plus tendre, car c'est le moins dur de tous les minéraux. Sa poussière est onctueuse au toucher, presque infusible au chalumeau.

La Stéatite.

La stéatite est une substance composée principalement de silicate magnésique auquel est uni un peu d'oxyde ferreux, de chaux, d'alumine, formant des masses et des fragments à texture compacte, terreuse et lamellaire. Très-tendre, onctueuse au toucher, laissant des traces lorsqu'on la frotte sur une étoffe. C'est la *craie de Briançon*, dont se servent les tailleurs d'habits ; sa couleur est blanchâtre, jaunâtre, verdâtre, rougeâtre ; cette roche est très-difficilement fusible au chalumeau sur les bords seulement, et blanchit par la calcination en prenant de la dureté.

La Serpentine.

La serpentine est principalement composée de silicate magnésique et d'eau, et d'un peu d'oxyde ferreux et d'acide carbonique, infusible au chalumeau, attaquable en partie par les acides. Texture ordinairement compacte, quelquefois laminaire ou grenue, tendre, mais tenace, quelquefois douce au toucher ; opaque, ayant l'aspect de la cire, mais quelquefois translucide (*serpentine noble*), incolore, ou de couleur verte et jaune, disposées souvent par taches, ce qui lui donne quelque ressemblance avec la peau du serpent, d'où lui est venu son nom.

La Chlorite.

La chlorite est une substance variable dans sa composition. Elle offre souvent des combinaisons de silicates aluminiques, de silicates ferreux et d'eau ; d'autres fois ce sont des silicates magnésiques unis à des silicates ferriques et à de l'eau ; ou bien un composé de silicates alumino-magnésiques, unis à des silicates de fer, de potasse et de soude, etc.

Elle est fusible ou infusible, selon sa composition, et plus ou moins attaquable par les acides.

Elle forme des masses ou des fragments à texture terreuse, lamellaire ou compacte, ordinairement meubles ou friables. Sa poussière est douce au toucher, et sa couleur, toujours verte, offre diverses nuances.

L'Amphibole.

L'amphibole est un silicate de chaux, de magnésie et d'oxyde ferreux, celui-ci en moindre quantité. Quand le fer manque entièrement, ce qui est rare, il est blanc, et alors aussi connu sous le nom de *grammatite*, mais il prend une teinte verte plus ou moins foncée, selon qu'il contient plus ou moins de cet oxyde colorant. La variété d'un vert noir, celle qui contient le plus d'oxyde de fer, porte le nom de *hornblende*, et pourrait être considérée comme un mélange de *grammatite* et de pyroxène dont nous allons parler. Il est presque toujours nettement cristallisé, et assez dur pour rayer le verre. Il fond assez facilement au chalumeau, en un émail de diverses couleurs, selon celle du minéral.

La Diallage.

La diallage est une substance dont la composition n'est pas bien déterminée. Elle est formée principalement de silice, de magnésie et de chaux, puis, en moindre proportion, d'oxyde ferreux, d'alumine et d'eau.

Fusible en verre blanchâtre, ayant un éclat chatoyant sur les faces de *clivage*. De couleur brun-verdâtre ou gris-verdâtre. Entrant dans la composition de plusieurs roches massives phanérogènes, sous forme de petits cristaux.

D'après cette composition, la diallage peut être considérée comme une variété de l'amphibole.

Le Pyroxène.

Le pyroxène est un silicate de chaux et d'oxyde ferreux, celui-ci dominant, avec peu de magnésie et d'oxyde manganeux comme subordonnés. On peut le distinguer de l'amphibole par son éclat, qui est moins vif et son aspect plus vitreux.

Le pyroxène et l'amphibole ne paraissent pas avoir entre eux une différence de nature capable d'en faire deux espèces différentes. Ils sont composés des mêmes principes avec des variétés correspondantes. Leur plus grande différence consiste dans celle des proportions de fer et de magnésie, et dans quelque modification de leurs cristaux, modification qui paraît provenir de celle des circonstances qui ont accompagné leur formation. Le pyroxène paraît avoir été cristallisé par un refroidissement très-rapide, et l'amphibole par un refroidissement beaucoup plus lent.

Le pyroxène est d'une couleur verte tirant plus ou moins sur le noir, ou tout-à-fait noir. Cette dernière variété, qui est la plus commune, porte le nom d'*augite*.

Le Calcaire.

Le calcaire ou le carbonate de chaux *rhomboédrique* (la pierre à chaux), est l'une des substances les plus abondamment répandues dans la nature. On le distingue aisément de tous les autres minéraux par la propriété qu'il a de se dissoudre avec effervescence dans les acides, effervescence qui est due, comme nous l'avons dit, au dégagement de l'acide carbonique ; de se réduire en chaux vive par la calcination et de se laisser rayer profondément par une pointe de fer.

L'acide carbonique ayant une grande tendance à passer à l'état de gaz, puisqu'il est constamment en cet état à la température ordinaire, on conçoit facilement qu'il suffise de chauffer un calcaire jusqu'au rouge pour chasser tout son acide et mettre sa base en liberté. Cette même chaleur vaporise toute l'eau du carbonate, de sorte que la base est ramenée à l'état de chaux caustique plus ou moins pure, selon la pureté du sel. Mais si le calcaire contient de la silice et de l'alumine ou de la magnésie, comme il arrive souvent, il faut craindre de trop élever la température, car alors, comme nous l'avons dit, la roche entre facilement en fusion et donne une espèce de verre.

Parmi les nombreuses variétés de forme et de structure du calcaire, nous nous bornerons à citer celles qui ne se présentent qu'en grandes masses et forment des roches : — 1° Le *calcaire saccharoïde*, à cassure imitant celle du sucre, c'est-à-dire brillante, grenue ou finement lamellaire ; c'est à cette variété que se rapportent les marbres statuaires. — 2° Le *calcaire compacte*, c'est-à-dire à texture n'admettant ni lames ni fibres, mais qui offre une pâte tellement serrée que l'œil n'en distingue plus les parties ni les éléments ; polissable, coloré et verni diversement par des substances le plus souvent métalliques, et mélangées presque toujours mécaniquement (marbres veinés et marbres coquilliers). — 3° Le *calcaire oolithique*, en grandes masses composées de globules tantôt compactes, tantôt à couches concentriques, variant de grosseur depuis au-dessous de celle du grain de millet jusqu'au-dessus de celle d'un œuf de pigeon. — 4° Le *calcaire crayeux* ou la *craie*, quelquefois sablonneuse et grisâtre, souvent blanche et très-friable, tachant les mains par la poussière qu'elle y laisse, ainsi que sur les corps durs qu'elle touche. — 5° Le *calcaire grossier*, plus ou moins mélangé de sable (la pierre à bâtir des Parisiens et la pierre à chaux commune), d'un jaune ou d'un blanc sale, à texture lâche, à grains grossiers et non susceptible de poli. — 6° Le *calcaire siliceux*, à texture compacte et à grain variable, ordinairement fin, plus dur que le calcaire commun, et laissant un résidu de silice par sa dissolution dans l'acide nitrique. — 7° Le *calcaire argileux* ou mêlé d'*argile* (la marne argileuse). L'argile est un mélange terreux, composé essentiellement de silicates d'alumine simples ou hydratés, dont le caractère général est d'avoir une texture terreuse et serrée, d'être tendre, non effervescente avec les acides et de faire pâte avec l'eau. Les argiles pures sont infusibles ou *réfractaires*, celles qui sont mélangées de chaux sont plus ou moins fusibles. La *marne*, qui est un mélange de calcaire et d'argile est à la fois fusible, effervescente et ductile dans l'eau. Cette dernière propriété ne subsiste cependant qu'autant que l'argile y entre en quantité suffisante, car il est des marnes qu'on pourrait appeler *marnes calcaires,* qui contiennent peu d'argile et qui alors ne forment point pâte avec l'eau.

On appelle *dolomie* ou calcaire magnésien, un calcaire à base de chaux et de magnésie. Elle ressemble beaucoup au calcaire ordinaire par ses caractères extérieurs; mais outre quelque différence d'aspect, on la distingue facilement parce qu'elle ne fait à froid qu'une très-faible effervescence avec les acides, et que sa dissolution est troublée par l'*ammoniaque* (hydrogène azoté qui a les propriétés d'un alcali), qui précipite une partie de la magnésie.

Le Gypse.

Le gypse (ou pierre à plâtre) est un sulfate de chaux hydraté : il est légèrement soluble dans l'eau. Il est extrêmement tendre, susceptible d'être rayé facilement par l'ongle, qui le réduit en une poussière blanche et farineuse. En le soumettant à une chaleur modérée, il perd son eau et se transforme en une matière blanche et terne, qu'on nomme *plâtre.* Le gypse est souvent incolore et quelquefois jaunâtre. En roches ou grandes masses, il présente les variétés suivantes : le *gypse compacte* (ou l'*albâtre gypseux*) qui est translucide et d'un blanc de lait, ou grisâtre et veiné. — Le *gypse grossier* (ou la *pierre à plâtre*), composé de grains lamelleux, jaunâtre ou d'un blanc sale. Ce gypse est mêlé d'une certaine proportion de calcaire, qui donne plus de solidité au plâtre qu'on en retire par la cuisson. — Le *gypse fibreux* blanc, d'une apparence schisteuse, dont les lames ou feuillets ont l'éclat cristallin et se divisent très-facilement, et souvent d'elles-mêmes, en aiguilles ou fibres plus ou moins longues.

Quand le gypse est anhydre (ou privé d'eau), il prend le nom de *karsténite* ou d'*anhydrite*. Il est difficilement fusible en émail blanc, peu soluble; de couleur souvent blanche, quelquefois bleuâtre, violâtre, grisâtre, rougeâtre, etc. Cette substance n'est souvent qu'une modification du gypse, et souvent aussi provient d'un calcaire décomposé et transformé en karsténite par des vapeurs sulfureuses.

Ces définitions posées, nous allons donner une description rapide des terrains.

NOTIONS DE GÉOLOGIE.

GÉOGNOSIE.

DESCRIPTION PARTICULIÈRE DES TERRAINS.

Les diverses roches qui composent l'écorce solide de notre planète ne se mêlent pas arbitrairement les unes dans les autres, notamment les roches de sédiment. Elles sont au contraire superposées dans un ordre constant, immuable; seulement toutes les roches de la série ne se trouvent pas toujours sur un même point ou dans une même coupe; il n'est pas de roche, surtout dans la classe de celles qui sont stratifiées, qui recouvre toute la surface du globe sans interruption; mais l'ordre est tel, qu'un terme quelconque de la suite, fait connaître celui qui est ou doit être dessous, et celui qui est ou doit être dessus. C'est-à-dire que jamais une roche vue sur une autre en un certain lieu, ne sera vue dessous dans un autre lieu.

La série ne forme pas un tout homogène, elle se

divise en parties plus ou moins développées qui se distinguent par leur manière d'être, et les grandes divisions montrent, dans la composition de leurs couches respectives, une certaine analogie qui en fait supposer une aussi dans les causes qui ont concouru à la formation de ces couches; et parce que les parties semblables ou analogues se montrent à la même place ou au même *niveau géognostique* dans la grande suite des roches, on assigne une même époque de formation aux diverses couches dans lesquelles se subdivisent ces parties analogues. Ce sont ces parties de roches que l'on a nommées *terrains*.

Les terrains ne sont pas séparés les uns des autres d'une manière tranchée, il y a au contraire *passage* de l'un à l'autre, c'est-à-dire que les parties qui avoisinent la limite de deux d'entre eux, participent de la nature des deux, et l'on passe ordinairement insensiblement de l'un à l'autre. Voilà pourquoi la détermination de ces limites est souvent difficile et incertaine. Cette vérité s'applique surtout aux terrains stratifiés.

PREMIÈRE CLASSE.

TERRAINS STRATIFIÉS.

Les terrains stratifiés sont principalement composés de roches calcaires, quarzeuses, argileuses, schisteuses et charbonneuses. Quant aux roches non stratifiées qu'on y rencontre quelquefois, elles y ont été intercallées comme nous l'avons dit, et comme poussées de bas en haut en forme de filons, de dikes ou de coulées ; elles doivent donc être regardées comme leur étant accidentelles et étrangères.

On a divisé ces terrains stratifiés dans leur ordre de superposition, en *terrains modernes, tertiaires, ammoniéens* et *de transition*.

PREMIER ORDRE.

TERRAIN MODERNE.

Les terrains modernes sont caractérisés par les monuments de l'industrie humaine et les restes de corps organisés semblables à ceux qui vivent aujourd'hui. Cependant, pour des raisons que nous exposerons plus tard, nous y comprendrons les dépôts connus sous le nom de *terrain diluvien*, quoiqu'on y trouve les restes d'animaux terrestres d'espèces perdues, mais dont les genres vivent encore sous la zône torride. Les dépôts meubles y dominent, et ceux qui sont cohérents sont généralement composés de roches calcaires.

On les a subdivisés d'après leur modes différents de formations en six *groupes*, désignés par les dénominations de *terrain madréporique, tourbeux, détritique, alluvien, tuffacé* et *diluvien*.

1° *Terrain madréporique.*

Le terrain madréporique est composé des parties solides des polypes, appartenant principalement à la famille des madrépores et au genre astrée. Ce n'est que parce que cette association de parties organiques recouvre de grands espaces, qu'on l'a classé parmi les terrains, car ce groupe appartient, par sa nature, au règne animal.

Les masses madréporiques forment des *récifs* autour des îles de l'Océanie et sur les côtes de la mer Rouge.

2° *Terrain tourbeux.*

Le terrain tourbeux est, comme le précédent, formé de débris du règne organique, et n'est classé parmi les minéraux qu'à cause de l'étendue des dépôts dont il est formé.

La partie supérieure d'un dépôt tourbeux n'est presque qu'un tissu spongieux formé de parties végétales très-reconnaissables. La partie moyenne présente une substance plus serrée, d'un brun plus foncé, où l'on ne distingue plus que quelques parties fibreuses ou filamenteuses des végétaux. La partie inférieure n'offre plus qu'une substance noire, homogène, molle, brûlant à la manière du lignite et quelquefois du bitume. C'est cette partie qu'on préfère aux deux autres comme combustible.

La tourbe ne se forme que dans les contrées humides, et où la température n'est pas fort élevée.

3° *Terrain détritique.*

Le terrain détritique ne forme pas encore de véritables roches, mais contient seulement des débris de celles-ci mélangés à des restes organiques. Il résulte de la destruction des êtres antérieurs, et recouvre la plus grande partie de la surface du globe. Il est très-variable dans sa composition; sa variété la plus importante est la *terre végétale,* c'est-à-dire celle sur laquelle croissent presque tous les végétaux qui ornent la surface de la terre. Elle forme une couche mince, composée de silice, d'alumine et de carbonate de chaux, à l'état de sable, d'argile et de marne plus ou moins mêlés d'*humus* ou de *terreau,* c'est-à-dire de substances végétales ou animales passées à l'état terreux. Elle participe toujours de la nature des roches sur lesquelles elle repose.

En général, la meilleure terre végétale est celle qui est formée de sable, d'argile et de marne calcaire mêlés dans des proportions convenables, c'est-à-dire de manière que le sol ne soit ni trop compacte ni trop poreux, qu'il donne accès à l'air atmosphérique et qu'il retienne une quantité d'eau convenable. Si l'alumine domine, il est compacte, la chaleur le pénètre trop difficilement, et il retient l'eau trop longtemps, ce qui fait pourrir les racines. Si c'est la silice ou la chaux qui domine (le sable ou le calcaire), il laissera passer l'eau trop rapidement pour que les racines puissent se l'assimiler; il sera donc toujours sec et stérile. Le cultivateur qui connaîtra la nature de son terrain, devra donc tendre continuellement à y amener les éléments de fertilité dont nous venons de parler, dans les rapports les plus favorables à la localité. Le terreau ou l'engrais n'est qu'un des éléments que réclame la végétation.

Une autre modification du terrain détritique sont les *éboulis* : Pendant l'été, les roches absorbent plus ou moins l'eau des pluies ; pendant l'hiver, cette eau se congèle, et, par un effet de la cristallisation, augmente de volume, ce qui écarte et sépare les parties de ces roches, qui ne sont plus retenues en place que par la glace elle-même qui fait corps avec elles. Au premier dégel, ce lien se dissout, et alors si la roche est escarpée, toute la partie atteinte par la gelée s'écroule, et cet éboulement se renouvelle à chaque dégel. Il en résulte au pied de l'escarpement un talus dont l'inclinaison est généralement de 35 degrés, carctérisé par une composition de fragments anguleux, et non arrondis puisqu'ils n'ont pas été roulés, et c'est là ce qui constitue le terrain d'*éboulis*, qui doit son origine à un phénomène qui, à la longue, change l'aspect extérieur des roches.

4° Terrain alluvien.

Le terrain alluvien est composé généralement de dépôts meubles dont les fragments sont de volumes et de formes très-variables ; aussi est-il souvent difficile de le distinguer du terrain détritique. Il est vrai qu'il ne se trouve pas, comme celui-ci, élevé sur les plateaux ou sur les montagnes, mais étendu dans les vallées, dans les plaines, à l'embouchure des fleuves et sur les bords de la mer.

La composition du terrain alluvien est très-variée,

mais sa nature tient toujours de celle de la partie plus élevée du bassin dans lequel il est déposé, comme s'il en était provenu. On y distingue du limon et des dépôts arénacés (à l'état de sable meuble) dans les vallées basses et les plaines; des lits de gravier, des dépôts caillouteux, fréquents dans les vallées et rares dans les plaines, formés de fragments ou cailloux, d'autant plus arrondis qu'ils sont plus éloignés des montagnes. Enfin, sur les bords de la mer, il forme des plages basses et de petites collines appelées *dunes*.

5° *Terrain diluvien*.

Ce terrain est principalement composé de dépôts meubles, formés de débris de grosseurs très-variables; c'est pourquoi il est souvent très-difficile de le distinguer du terrain alluvien. Ses principaux caractères distinctifs sont d'être en couches plus étendues, non stratifiées, et souvent à des hauteurs où les cours d'eaux actuels n'ont jamais pu les porter; de contenir des restes organiques dont les espèces n'existent plus, et d'être d'une nature moins dépendante de celle du bassin qui les contient, c'est-à-dire que les fragments qui les composent appartiennent à des roches plus éloignées.

Les dépôts meubles diluviens sont très-étendus; on en trouve presque partout : dans le voisinage des montagnes, ils sont formés de gros fragments composant des couches irrégulières, et souvent des amas et des barrages demi circulaires, ayant une composition et une forme très-analogues à celles des *moraines* des glaciers : dans les plaines basses, éloignées de ces montagnes, ils forment des couches minces et planes, composées de cailloux plus petits et roulés, recouvertes par la terre végétale. Les graviers et les sables qui font partie de ces dépôts sont quelquefois liés par un ciment d'hydrate ferrique ou de carbonate calcique, ou purement siliceux. Dans cet état de *conglomérat*, ils sont connus sous les noms de *poudingue*, de *nagelfluh* ou de *grès*, selon la grosseur ou la forme des fragments.

On voit aussi dans ce terrain des dépôts plus ou moins étendus d'argile sableuse avec débris, tant des terrains *liassique* et *jurassique*, que de leurs fossiles, renfermant des minerais de fer en grains. Ces dépôts proviennent d'un remaniement du *sidérolithique* (minerai fer pisiforme) dont il sera parlé plus bas. Aussi remarque-t-on qu'une grande partie des grains est comme écrasée ou fracturée.

Il est à remarquer que les restes organiques sont de mêmes espèces dans les différentes parties du globe où on les a observés, espèces qui toutes maintenant ne vivent plus, mais dont on retrouve les genres dans les régions les plus chaudes. Par exemple, les grands pachydermes, qui dominent dans les couches des zônes tempérées et glaciales, n'ont aujourd'hui leurs analogues, en genres, que dans la zône torride.

On rapporte au terrain diluvien de gros blocs que l'on trouve épars à la surface du sol dans un grand nombre de contrées, mais surtout dans la grande plaine qui s'étend de la mer du Nord aux monts Ourals. On en voit aussi beaucoup dans les vallées qui avoisinent les Alpes, ainsi que dans les vallées et sur les flancs des monts du Jura, autour de la chaîne des Vosges et de toutes les hautes montagnes. On les trouve souvent élevés à de grandes hauteurs, offrant des volumes énormes qui sont fréquemment au-dessus de vingt mètres, et s'élèvent souvent jusqu'à plusieurs centaines. Ils sont connus sous le nom de *blocs erratiques*. Leurs caractères distinctifs sont leur grosseur et la condition d'être en général, d'une nature différente de celle du sol sur lequel ils reposent. Ils appartiennent aux roches les plus dures des terrains non stratifiés. Quand ils sont déposés sur les pentes des montagnes, c'est presque toujours sur les versants qui regardent les hautes chaînes de même nature que ces blocs, d'où ces derniers proviennent probablement. Ils y forment souvent des lignes inclinées, qui rappellent les moraines *latérales* des glaciers. Nous verrons qu'en effet on a bien des raisons de regarder ces blocs comme ayant été déposés par les glaces, et tout le terrain diluvien comme ayant été produit par la fusion subséquente de ces glaces; c'est pourquoi nous proposons de remplacer la dénomination de *terrain diluvien* par celle de *terrain glacien*.

6° *Terrain tuffacé.*

Le terrain tufacé ne forme jamais que des dépôts peu étendus, quelquefois régulièrement stratifiés. Il est formé principalement d'un calcaire concrétionné, mais il est souvent à l'état meuble. Il incruste de nombreux restes de végétaux et d'animaux appartenant aux espèces vivantes. C'est surtout son mode d'incrustation qui le caractérise. Il est encore produit actuellement par des sources qui le déposent abondamment, et connues sous le nom de fontaines incrustantes. Sa légèreté et la manière dont il prend le mortier, le rendent propre à la construction des cheminées et des voûtes. La mer dépose aussi, mais assez rarement, un terrain qui incruste de même des restes organiques appartenant à des espèces de l'époque actuelle; on y trouve aussi quelquefois des débris de l'industrie humaine. On peut donc le regarder comme un terrain tuffacé marin. Il consiste en un calcaire grenu, quelquefois compacte, de couleur jaune-grisâtre ou gris-jaunâtre, comme le tuf terrestre, et qui, vu à la loupe, est composé principalement de débris de coquilles et de madrépores semblables à ceux qui vivent dans les environs.

SECOND ORDRE.

TERRAIN TERTIAIRE.

Les terrains tertiaires gisent au-dessous des terrains modernes; ils présentent plus fréquemment des roches solides. Les restes organiques qu'ils renferment appartiennent à des espèces qui n'existent plus, mais dont les familles vivent encore à la surface de la terre.

Ces terrains recouvrent une grande partie de la surface du globe; ce sont eux qui forment la plupart des plaines fertiles, et renferment en outre dans leurs assises inférieures les amas les plus considérables de li-

gnites et les dépôts ou sources de *bitumes* minéraux devenus si précieux depuis quelques années.

Le *lignite* est une substance charbonneuse en partie, noire ou brune, provenant des tiges de végétaux ligneux, et présentant fréquemment dans son tissu fibreux des traces de son origine. Le lignite brûle avec facilité, sans coller ni se fondre ; il donne une flamme vive, mais il répand souvent une odeur âcre désagréable ; il peut être employé au chauffage des liquides, à la cuisson de la chaux, des briques, etc. ; mais il ne peut servir aux travaux des forges ni à ceux des fonderies, parce qu'il ne produit pas assez de chaleur. On a calculé qu'un mètre cube de lignite peut donner autant de chaleur que trois mètres cubes de bois de sapin, ce qui est loin de celle que donne une même quantité de *houille*. Ce combustible a l'inconvénient d'être presque toujours mélangé à une quantité notable de pyrites qui s'effleurissent à l'air et en rendent la conservation impossible.

Les *bitumes* sont des combustibles analogues aux houilles et aux poix végétales, brûlant avec flamme et une odeur caractéristique. On en distingue deux espèces principales : l'une liquide (le naphte et le pétrole) d'un blanc jaunâtre ou noirâtre, l'autre solide et noire l'asphalte), mais très-facile à fondre.

Les terrains tertiaires renferment aussi des amas et des couches plus ou moins considérables de gypse, varié dans sa texture et ses couleurs.

Une partie ne renfermant que des restes d'être organisés ayant appartenu à des terres sèches ou à des eaux douces, une autre n'offrant que des débris de plantes et d'animaux marins, on les a divisés en deux groupes que l'on a désignés par les épithètes de *nymphéen* et de *tritonien*.

1° *Terrain nymphéen*.

Les terrains nymphéens et tritoniens alternent entre eux plusieurs fois, de sorte qu'on ne peut assigner le *niveau géognostique*, c'est-à-dire le rang qu'ils occupent dans la série, que de leur ensemble et non de chacun en particulier. Ils gisent entre le terrain diluvien, qui est dessus, et le terrain *ammonéen* qui est dessous.

Ces terrains se présentent souvent dans des dépressions dont les bords montrent les terrains plus anciens qui contiennent les premiers; ces dépressions sont ce que l'on appelle *des bassins*. Ils sont les premiers qui montrent une stratification souvent régulière, et des roches bien cohérentes.

Le terrain nymphéen se compose, dans ses assises supérieures, d'un grand nombre de couches minces de calcaire, de marne argileuse et de *macigno* (grès à ciment calcaire ou marneux), qui ont fréquemment l'odeur bitumineuse. Ses assises moyennes consistent en des couches de sable à gros grains à peu près limpides, en des calcaires blancs, jaunâtres ou grisâtres à texture compacte et celluleuse, quelquefois bréchiforme ou grenue. On y voit aussi des couches meubles marneuses. Ces calcaires montrent souvent des silex en rognons, quelquefois en lits minces; ils renferment aussi beaucoup de coquilles d'eau douce. Les assises moyennes se composent encore de roches siliceuses auxquelles on a donné le nom de *meulières*, parce qu'elles servent à faire des meules de moulin ; ces roches sont des silex criblés d'une multitude de cavités irrégulières, garnies de filets siliceux, qui rappellent un peu la texture intérieure des os des animaux. Elles sont aussi quelquefois compactes. Elles sont principalement blanchâtres et passent souvent au rougeâtre, au jaunâtre et quelquefois au bleuâtre. Les assises inférieures se composent en partie d'un calcaire siliceux plus compacte et plus dur que le précédent, rempli de cavités souvent tapissées de cristaux de quarz. Il n'est pas ordinairement coquillier. Dans certaines localités, la silice devenant prédominante, le calcaire se trouve remplacé par des masses très-puissantes de silex. Ces mêmes assises se composent encore de gypse et de marnes qui alternent. Il est des localités où ce gypse est très-riche en fossiles. On trouve souvent sous ces gypses un calcaire blanchâtre, assez semblable à celui des systèmes supérieurs, mais plus compacte, et qui renferme aussi des rognons siliceux et des fossiles. Les dépôts de lignite sont aussi assez fréquents dans le terrain nymphéen.

2° *Terrain tritonien.*

Le terrain tritonien forme des dépôts plus étendus que ceux du terrain nymphéen, mais dont la forme en bassin est généralement moins bien prononcée. Il est difficile de distinguer l'ordre de superposition de ses différents groupes, non-seulement parce qu'il alterne avec le terrain nymphéen, mais encore parce qu'il se confond avec le terrain tuffacé marin et même quelquefois avec le terrain *crétacé*. Cependant, en les classant d'après le plus ou le moins de rapport des espèces de ses fossiles avec celles des espèces analogues qui vivent maintenant, il paraît que sa partie supérieure se compose de sables et d'un système peu épais, formé d'un mélange de quarz, d'une argile limoneuse très-ferrugineuse (limonite), de calcaire et d'une grande quantité de coquilles marines; système connu sous le nom de *crag*. Sa partie moyenne est formée généralement, toujours de haut en bas, de sable coquillier, de grès blanc, connu sous le nom de grès de Fontainebleau, de grès ferrifère, de silex et de marne renfermant des calcaires compactes blancs ou blancs-jaunâtre. Sa partie inférieure se compose d'un calcaire jaunâtre puissant, à texture généralement grossière, mais quelquefois subcompactes, formant souvent des couches très-épaisses et passant au grès et au sable, surtout dans ses couches inférieures. C'est le *calcaire grossier*, célèbre par l'immense quantité et la belle conservation de ses coquilles. Elle est terminée par une argile sans fossiles, ordinairement grise, qui repose souvent immédiatement sur la craie, et qui, vu la propriété qu'elle a de bien conserver les formes qu'on lui imprime, a reçu l'épithète de *plastique*. Mais cette argile est plus généralement regardée maintenant comme étant une formation lacustre, et appartenant dès lors aux terrains nymphéens.

D'après cet exposé rapide, on voit que les roches

compactes sont plus abondantes dans le terrain nymphéen que dans le tritonien ; mais ce qu'il y a surtout à remarquer, c'est l'abondance de la silice dans le premier. Au surplus, cet exposé ne peut se rapporter, plus ou moins, qu'à certaines localités, entre autres celle de Paris. Les terrains tertiaires sont à stratification généralement peu inclinée et souvent horizontale.

En Suisse, le terrain tritonien, quoique très-abondant, est presqu'entièrement représenté par un grès calcaire que l'on peut rapporter au morigo, et connu dans le pays sous le nom de *molasse*, à cause qu'il est ordinairement friable ; cependant quelquefois il est assez cohérent pour donner de bonnes pierres à bâtir. Sa couleur la plus commune est le gris passant au verdâtre et au jaunâtre. Il est micacé. La molasse se lie, par sa partie supérieure, au *nagelfluh*, et, par sa base, au dépôt de lignite du terrain nymphéen à Lymnées ; elle paraîtrait donc correspondre à l'étage moyen du terrain tritonien. Dans plusieurs localités le grès molasse est imprégné de *bitume* que l'on exploite pour les besoins de l'industrie.

TROISIÈME ORDRE.

TERRAINS AMMONÉENS.

A mesure que l'on descend dans la série des terrains, on trouve que les dépôts d'une même nature sont plus étendus, plus généraux, et que les limites des bassins dans lesquels ils ont été déposés sont plus difficiles à reconnaître ou à suivre. La craie, par exemple, a été déposée dans un immense bassin qui s'étendait jusqu'au milieu de l'Asie, et venait se terminer en Europe par un grand golfe qui, après avoir recouvert le sol de la France, se fermait, en Angleterre, au comté de Cornouailles.

L'ordre des terrains qui vont nous occuper offre, dans toutes ses formations, un genre de coquilles enroulées à la manière des cornes de Jupiter-Ammon, à tours contigus et recouvrants, et à cloisons nombreuses, généralement couvertes de côtes plus ou moins saillantes et de dessins découpés en feuilles de persil. Ce genre a été nommé *ammonite*. C'est de lui, qui n'est abondant qu'ici, que le troisième ordre a tiré son nom. Dans ces terrains, les roches solides sont plus abondantes et la stratification mieux prononcée, plus régulière et généralement plus inclinée que dans les terrains tertiaires; ils offrent aussi généralement une épaisseur bien supérieure. Mais ils s'en distinguent surtout par leurs fossiles dont les espèces diffèrent beaucoup plus de celles qui vivent actuellement, et présentent plusieurs reptiles monstrueux inconnus, et d'innombrables *ammonites* et *bélemnites*, tous étrangers au règne animal d'aujourd'hui. Du reste, les débris fossiles annoncent que tous ces terrains sont marins.

Ces terrains renferment en outre de l'asphalte dans une de leurs formations, certains lignites, et du gypse dans plusieurs que nous citerons.

En les divisant dans leur ordre de superposition respective, et de haut en bas, on y a distingué cinq groupes : les terrains *crétacé, jurassique, liassique, triassique* et *pénéen*.

1° *Terrain crétacé.*

Le terrain crétacé se présente ordinairement sous la forme de plateaux élevés ou de monticules à pentes raides. Il se compose dans sa partie supérieure d'un calcaire terreux et tachant, le plus souvent blanc, c'est la *craie* proprement dite, et d'un calcaire compacte et dur, lesquels sont souvent remplacés l'un par l'autre; les fossiles animaux, surtout les mollusques, y sont nombreux; c'est le premier terrain où l'on trouve des ammonites et des bélemnites, mais les restes de végétaux y sont rares. La partie inférieure est une craie grise, grossière, sablonneuse ou marneuse, c'est la *craie tufau*. Elle renferme des silex cornés de couleur blonde. On y voit aussi de la *glauconie*, qui est une pâte calcaire mêlée de granit de chlorite quelquefois compacte, mais le plus souvent grenue et friable; enfin des sables souvent colorés en vert. Ces terrains renferment, à différents niveaux, des dépôts de lignites dont plusieurs sont exploités.

La stratification, peu distincte, est indiquée par les rognons de silex pyromaques, qui y sont disposés en séries planes, et qui, dans la craie blanche, sont noirs.

La fosse des terrains crétacés offre aujourd'hui cent soixante genres et sept cent soixante-huit espèces; et il est bien remarquable que toutes ces espèces soient différentes de celles des terrains inférieurs.

On rattache au terrain crétacé celui du *grès vert*, à

cause de certaine analogie des fossiles et de la présence de la glauconie ou au moins des grains verts, et surtout parce qu'il y a *passage* entre ces deux terrains. Il est inférieur à la craie. Il se compose de sables verts et ferrugineux, meubles ou aglutinés plus ou moins jusqu'à la consistance d'un grès, de *glauconie sableuse*, avec minerais de fer en grains et dépôt de lignite. Ces grès passent à la craie dans leur partie supérieure, en devenant marneux. Les assises de ce terrain sont généralement, en allant de haut en bas, 1° le sable vert inférieur ou glauconie crayeuse, qu'on a appelée improprement craie chloritée; 2° la marne bleue à fossiles marins, c'est le *gault,* aussi appelé *glauconie compacte;* 3° le grès ou sable vert inférieur (glauconie sableuse), avec sables ferrugineux et lignites.

Dans quelques localités, on trouve à la partie inférieure un calcaire marneux compacte ou grenu assez dur. Sa cassure est raboteuse et d'aspect terreux, et sa couleur d'un gris presque clair. Il empâte de nombreux fossiles, principalement l'*exogira aquila*, qui y est caractéristique, et un nautile.

Très-souvent le terrain du grès vert est recouvert d'un lit assez mince de petits galets de quarz, translucide, dont la grosseur n'excède pas celle d'une fève et en a à peu près la forme. Leur couleur varie du gris clair au bleuâtre.

Au-dessous du grès vert est un calcaire jaune bien stratifié, avec assise de marne et de gypse vers sa partie inférieure. C'est dans les environs de Neuchâtel (Suisse) que cette formation a d'abord été étudiée et distinguée des terrains jurassiques, sur lesquels elle repose en stratification transgressive; d'où on lui a donné le nom de *terrain néocomien*. Les différentes assises sont souvent bien puissantes, surtout celles marneuses. On n'y voit plus de glauconie ni de grains verts. Il se compose dans sa partie supérieure de bancs alternativement subcompactes et oolithiques miliaires, les oolithes non prédominantes, d'une dureté moyenne avec cassure inégale, raboteuse, non esquilleuse, de couleur généralement jaune, quelquefois grise. Les bancs les plus inférieurs sont ordinairement plus compactes, à cassure un peu conchoïde. Ce calcaire montre dans sa texture de nombreux petits points brillants. Quelques bancs des assises moyennes contiennent un peu de silice et renferment même des rognons siliceux. Dans sa partie moyenne on voit une assise de marnes qui passent du jaune au bleu et qui renferment de nombreux fossiles dont quelques-uns sont caractéristiques du terrain néocomien. Sa partie inférieure se compose généralement d'abord d'une assise marneuse assez solide et schisteuse, recouvrant un dépôt de gypse tantôt saccharoïde, tantôt fibreux, et se termine par une assise de marne compacte grise sans fossiles.

C'est immédiatement au-dessous du terrain néocomien que nous devons placer le terrain sidérolithique (bohnerz, mine de fer en grains, minerais de fer pisiforme), car l'un et l'autre reposent immédiatement sur le *terrain jurassique* dont nous allons parler; tous les deux y reposent également à stratification discordante; mais le néocomien ne renferme que des fossiles étrangers au terrain jurassique, tandis que ceux du sidérolithique appartiennent presque tous à ces terrains; ce qui prouve que le sidérolithique est plus rapproché du *jurassique*. Nous aurons d'ailleurs d'autres preuves de ce rapprochement.

Il forme des dépôts dans les dépressions de l'étage supérieur du terrain jurassique. Il repose aussi quelquefois sur l'étage moyen du même terrain, mais seulement sur les assises supérieures.

Il se compose : — 1° de sable argileux grisâtre, jaunâtre ou rougeâtre, non effervescent. Ce sable passe quelquefois à un grès à grains fins, tenace ou friable, selon que le ciment ferrugineux, qui en est le lien, est plus ou moins abondant. Le sable renferme des galets de quarz compacte ou grenu, un poudingue formé de fragments de grès, de fer hydroxydé et d'oolithes en argile ferrugineuse, réunis par un ciment ferrugineux abondant. On y voit aussi des plaquettes d'argile ferrugineuse et des nodules et plaquettes de fer hydroxydé. On a vu sur le grès des empreintes de feuilles de végétaux dicotylédons. Ce sable est peu puissant. — 2° D'un conglomérat calcaire formé par la réunion de morceaux informes de calcaire ordinairement compacte, quelquefois marno-compacte à surface déprimée, de grosseur variant depuis celle d'une noix à celle du poing, et paraissant appartenir principalement à l'étage supérieur du terrain *jurassique*. Ces morceaux sont quelquefois simplement juxtaposés dans une argile, d'autres fois ils sont liés par un ciment marno-argileux qui en fait un poudingue ou plutôt un nagelfluh. —

3° D'une argile avec amas de minerai de fer en grains. Cette argile est jaunâtre, rougeâtre ou verdâtre, quelquefois sablonneuse, mais ordinairement onctueuse, ductile et propre à la fabrication de la poterie. Elle ne fait pas effervescence avec les acides. Le minerai de fer se compose de grains ordinairement isolés de fer hydroxydé, dont la grosseur n'excède pas celle d'un pois, formés de couches concentriques bien distinctes. Ce sable, ce conglomérat et cette argile alternent entre eux et gisent tantôt au-dessus, tantôt au-dessous du minerai de fer ; cependant le conglomérat paraît être généralement au-dessus, où il forme une couche peu puissante.

Les divers minerais du sidérolithique sont généralement composés de péroxyde de fer, d'argile, de carbonate de chaux, d'alumine et d'eau combinés intimement ou chimiquement, et ne diffèrent entre eux que par les matières terreuses qui les accompagnent.

Quand le minerai dont il s'agit repose sur le troisième étage du *terrain jurassique*, ce qui a lieu généralement, comme nous l'avons dit, ce calcaire empâte toujours des grains de ce minerai, ou en porte des empreintes bien nettes, ce qui prouve que lorsque le sidérolithique s'est déposé, le troisième *étage jurassique* était encore sous les eaux et assez mou pour laisser enfoncer les grains du minerai qui se déposaient à sa surface. Le terrain du sidérolithique a donc été déposé immédiatement sur celui *jurassique;* considération qui, jointe à celle de l'analogie des fossiles, justifie la place que nous lui donnons au-dessous du néocomien.

2° *Terrain jurassique*.

Le *terrain jurassique* est ainsi nommé parce qu'il constitue la très-grande majorité des roches du Jura. Il est très-répandu à la surface du globe. Il se compose principalement de calcaire compacte et de calcaire oolithique accompagnés ordinairement de marnes argileuses.

Dans les pays de collines, le terrain jurassique est en couches sensiblement horizontales; dans les pays de montagnes, il est en couches presque toujours inclinées et souvent relevées jusqu'à la verticale; quelquefois même elles sont renversées au-delà, de sorte que les couches qui se montrent dans un certain ordre sur l'une des pentes d'un mont, se montrent dans un ordre inverse sur la pente opposée. Enfin d'autres fois elles tendent à prendre la *stratification arquée*, c'est-à-dire que la couche qui suit d'abord une pente de la montagne, se courbe au sommet pour redescendre dans le sens de la pente opposée. Les escarpements verticaux sont aussi très-fréquents dans les terrains jurassiques. On y connaît également un bon nombre de cavernes ou grottes dans les roches calcareuses; ce sont des canaux ou boyaux irréguliers, très-accidentés, qui traversent les roches solides dans toutes les directions. Elles sont ordinairement décorées par des *stalactites* et des *stalagmites*, qui y forment des colonnades et des groupes de formes bizarres.

C'est encore au terrain jurassique qu'appartiennent ces sources, comme celles de la Sorgue, la fontaine de

Vaucluse, etc., qui sont si abondantes qu'elles donnent immédiatement naissance à des rivières. Quelques-unes de ses roches sont imprégnées de bitume en mélange intime, ce qui constitue la *pierre asphaltique*, dont l'exploitation, qui commence seulement à être recherchée, est destinée à apporter le plus grand secours à plusieurs branches de l'industrie. Le terrain jurassique est, jusqu'à présent, le seul qui ait offert l'asphalte dans cet état de combinaison.

Les fossiles sont beaucoup plus nombreux dans le terrain jurassique que dans la craie; c'est dans le premier que l'on trouve ces gigantesques reptiles à formes bizarres, dont une espèce a eu jusqu'à vingt-quatre mètres de longueur, et qui, par les dimensions de ses énormes machoires, a dû dominer dans les eaux, et ces énormes mollusques auxquels rien ne ressemble aujourd'hui. On n'y trouve presque plus d'animaux à sang chaud, et très-peu de végétaux. Les végétaux terrestres appartiennent presque exclusivement aux cryptogames vasculaires et aux phanérogames gymnospermes : ce sont des fougères, des cycadées et des conifères.

Le terrain jurassique formant une partie importante de l'écorce du globe, et étant composé d'un grand nombre d'assises, solides ou meubles, superposées et plus ou moins distinctes, on le divise, pour l'étudier et le décrire, en trois étages.

L'étage supérieur, ou le troisième, a été nommé *portlandien* (*portland-stone*). Il est composé dans sa partie supérieure de calcaires compactes très-variés et de calcaires à fines oolithes; et dans sa partie inférieure de calcaires marnocompactes grenus et de marnes jaunâtres argileuses nommées *marnes kimméridiennes* (*kimméridge-clay*). Souvent il existe entre les calcaires et la marne kimméridienne des sables avec concrétions calcaires, et des grès qui ressemblent beaucoup au grès vert. Cet étage est caractérisé dans certaines contrées par l'*ostrea deltoïdea*, et dans d'autres par des *exogyres*. Il renferme de nombreux fossiles ordinairement en moules intérieurs.

L'étage moyen, ou le deuxième, a été nommé *corallien* (*coral-rag*). Il se divise en deux groupes. Le supérieur, qui est le groupe corallien proprement dit, est composé de calcaires blanchâtres compactes ou crayeux ou à grosses oolithes et noyaux irréguliers; et de calcaires gris, quelquefois gris foncés, terreux ou marneux. Ce groupe est caractérisé par des *astartes*, des *nérinées* et de nombreux polypiers saccharoïdes ou siliceux. Le groupe inférieur est composé 1° du *terrain à Chailles*, formé de calcaires marneux, argileux, ocreux et sableux, et d'argiles avec *cailles* et *sphérites* dont il sera parlé. 2° De la *marne oxfordienne* (*oxford-clay*) et du *kelloway-roch*, formés de marnes bleues plus ou moins foncées avec fossiles pyriteux, de calcaires marno-compactes subordonnés et d'oolithes ferrugineuses miliaires.

L'étage inférieur, ou le premier, a été nommé *oolithique*, parce que la structure oolithique y domine en effet plus que dans les deux autres. Il est formé par des calcaires gris-jaunâtres oolithiques miliaires, des marnes, des calcaires sableux et des calcaires ferrugineux avec oolithes ferrugineuses. Les roches de cet étage sont généralement de couleurs moins claires que celles des deux autres.

3° *Terrain liassique.*

Au-dessous de l'oolithe ferrugineuse, on trouve, en stratification concordante, un grès calcarifer en lits minces ou en plaquettes, faisant une effervescence lente avec les acides, et alternant avec une marne argileuse grise ou jaunâtre, l'un et l'autre montrant des paillettes de mica blanc ; c'est le *grès superliassique* (*Marly-sandstone*). Comme il renferme des fossiles de l'oolithe ferrugineuse, plusieurs géologues le rattachent à l'étage inférieur jurassique. D'autres considérant qu'il y a un passage bien marqué entre ce grès et les marnes grises qui sont au-dessous, qu'on s'accorde assez généralement à placer dans le lias, et que la délimitation des deux terrains qu'il faudrait fixer entre ces deux assises meubles serait très-incertaine, laissent le *grès super-liassique* dans le *lias*. Nous nous conformerons à cette dernière manière de voir.

Le terrain liassique est composé d'assises alternantes de marnes et de calcaires compactes bien stratifiés ; la texture oolithique y est très-rare. Il est moins puissant que le terrain jurassique, et de couleurs généralement plus foncées que ce dernier. Les marnes, qui sont plus puissantes que les roches solides, sont souvent bitumineuses et quelquefois assez pour pouvoir en extraire, avec avantage, des huiles minérales et du goudron. Les calcaires n'y offrent plus d'escarpements verticaux, comme dans le terrain jurassique, ou du moins le petit nombre de ceux qu'on y voit, ont très-peu de hauteur.

Les débris du règne végétal sont encore peu nombreux dans ce terrain, mais ceux du règne animal y sont très-abondants et bien conservés. Les couches supérieures, en se déposant, ont fait périr une quantité innombrable de bélemnites.

On distribue ordinairement le terrain liassique en trois étages : les marnes du *lias*, le calcaire à *gryphites* et le grès du *lias*.

Pour les raisons que nous avons données plus haut, nous réunirons le grès superliassique à l'étage supérieur qui, du reste, est composé de marnes grisâtres ou jaunâtres, friables, renfermant quelquefois un lit de marne bleuâtre avec fer hydroxydé, en oolithes miliaires, exploitable ; de marnes très-schisteuses, grises ou noirâtres, bitumineuses, avec gros rognons de calcaire marnocompacte à couches concentriques renfermant des bélemnites, et avec des modules de fer sulfuré cristallisé. Quelquefois on y voit aussi des bancs d'oolithes en fer hydroxydé. L'étage moyen est formé d'un calcaire compacte gris-bleuâtre dont les bancs sont séparés par des couches de marnes ordinairement schisteuses, grises ou jaunâtres, quelquefois plus puissantes que les bancs de calcaire. Celui-ci est remarquable par la grande quantité de *gryphées arquées* qu'il renferme, ce qui lui a fait donner le nom de calcaire à gryphites. Ce calcaire paraît être constamment le même partout où on l'a observé. Dans cet étage ce sont les gryphées arquées qui dominent, dans les supérieurs ce sont les bélemnites.

L'étage inférieur est constitué généralement par un grès quartzeux quelquefois arénacé, d'un gris blanchâtre, jaunâtre ou rougeâtre, un peu micacé, que l'on a longtemps rapporté au grès *quadersandstein* des Allemands, lorsqu'on n'avait pas encore reconnu que ce dernier appartient au terrain crétacé. Ce grès *infraliassique* est quelquefois remplacé par un calcaire jaunâtre ou blanchâtre, rarement gris-bleuâtre, dur, à texture grenue, qui alterne avec des lits minces d'argile jaunâtre et de sable argileux. Les fossiles de ce calcaire à lits de sable sont sensiblement les mêmes que ceux du grès infraliassique.

4° *Terrain triassique.*

Dans ces dernières années on a réuni en un seul groupe, sous le nom de *terrain triassique,* des terrains que l'on avait jusqu'alors regardés comme appartenant à des groupes différents. Cette formation, telle qu'on la conçoit aujourd'hui, est constituée par des grès, des marnes, des argiles et des calcaires. On y trouve aussi des bancs de calcaire dolomique et de la dolomie ; des amas subordonnés de gypse, et de sel marin, qui lui avait fait donner le nom de terrain salifer avant qu'on eût reconnu que ce minéral se trouve aussi dans les terrains supérieurs ; de la houille et du lignite. Ses fossiles offrent des caractères particuliers qui suffiraient peut-être seuls pour distinguer cette formation de toutes les autres. Les plantes y sont nombreuses, mais inégalement réparties. Les restes de la végétation terrestre y montrent encore des phanérogames gymnospermes, mais on n'y voit plus de dicotylédones. Les restes du règne animal n'appartiennent plus qu'à des animaux à sang froid, savoir : des poissons et des reptiles, mais surtout des premiers.

On divise ce terrain en trois étages : le supérieur porte le nom de *keuper* ou *marnes irisées*. Il peut généralement se subdiviser en trois systèmes bien distincts. Le premier se compose de marnes souvent très-puissantes, peu schisteuses, se divisant en petits fragments minces. Elles ne font qu'une effervescence lente avec les acides, parce qu'elles sont unies à de la dolomie dont on voit même quelquefois des lits minces subordonnés. Leurs couleurs sont le rouge lie de vin, le gris bleuâtre, le gris jaunâtre, le verdâtre, le violet, le brun, qui se fondent et passent de l'une à l'autre, ce qui leur donne en grand une apparence irisée : ce sont les *marnes irisées* proprement dites, qui contiennent peu de fossiles. Le moyen est formé de bancs souvent puissants de calcaire dolomique jaunâtre ou grisâtre, subcompacte, à cassure grenue, bien stratifiés. Cette dolomie paraît ne receler aucun fossile. Elle est généralement accompagnée inférieurement du *grès keuprique*, blanchâtre, jaunâtre ou rougeâtre, à grains fins, schisteux, tendre et même quelquefois friable, avec nombreuses impressions végétales principalement d'*equisetum* et de *calamites*. Ce grès est bien stratifié parallèlement au calcaire dolomique. Il recouvre ordinairement une couche soit de lignite souvent argileux, soit de houille collante, mais jamais puissante, coupée dans tous les sens par des veines de gypse. Quelquefois le grès et l'assise carbonifère sont remplacés par une marne d'un jaune grisâtre ou rougeâtre, qui renferme une immense quantité de débris de poissons et de reptiles. Le système inférieur est constitué par amas puissants de gypse. La couleur dominante de ce dernier est le blanc plus ou moins bigarré de rouge; mais quand il est argileux, il est de couleur noirâtre et d'apparence terreuse. Il est de texture grenue, saccharoïde, fibreuse ou laminaire. Dans certaines contrées, ces amas de gypse renferment en dépôts subordonnés des argiles salifères et même du sel gemme pur. Les premières donnent lieu à des sources salées, le second est exploité en banc.

L'étage moyen, dans lequel le règne végétal est presque nul, surtout les végétaux terrestres, se lie au supérieur non-seulement par une stratification concordante, mais encore par un passage marqué par des alternances de calcaires et de marnes, et un rapprochement de structure et de couleurs, qui finit par rendre incertaine la limite des deux étages. Il est connu sous les noms de *conchylien* ou de *muschelcalk*. Son assise supérieure est composée de marnes schisteuses grisâtres, jaunâtres ou noirâtres; de calcaire marno-compacte, de couleur grisâtre ou jaunâtre, à cassure un peu terreuse; de calcaire compacte gris de fumée, bleuâtre ou jaunâtre, à cassure conchoïde et un peu esquilleuse, doué d'une grande résistance aux actions météoriques, et, dans quelques localités, d'un calcaire gris blanchâtre à grains fins, quelquefois comme désagrégé, caractérisé par les *trigonellites pes anseris*. On y voit aussi un calcaire bréchiforme marneux, gris ou jaune, renfermant de nombreux débris de sauriens et de poissons, mêlés à des *coprolithes* (*fœces* ou excréments fossiles) provenant probablement de ces animaux, et enfin quelques petits bancs de dolomie entre les différentes parties de cette assise. La partie inférieure de cette même assise est quelquefois très-coquillière. On y voit aussi des bancs remarquables par la grande quantité de fragments d'encrinites. Cette assise renferme quelquefois, mais assez rarement, du minerai de fer en grains (limonite) en filons, ou en amas à texture massive.

L'assise moyenne est constituée principalement par un sulfate de chaux anhydre (*anhydrite, kasténite*), d'un gris clair ou bleu passant au noir. Sa texture est souvent saccharoïde; il est quelquefois tenace, et peut être employé comme marbre. Cette *anhydrite* renferme de l'argile salifère d'un gris foncé tirant sur le bleuâtre; elle est mêlée de gypse, et donne aussi naissance à des sources salées; dans plusieurs endroits elle enveloppe même des dépôts puissants de sel marin limpide, blanc et gris, laminaire ou grenu, exploités avec avantage. Cette assise salifère manque quelquefois, et il est remarquable que c'est presque toujours lorsqu'elle est développée dans l'étage supérieur. Enfin l'assise inférieure est formée principalement d'un calcaire semblable à celui gris compacte de fumée ou gris noirâtre, que nous avons dit faire partie de l'assise supérieure, mais qui est bien plus développés dans celle-ci et bien plus riche en débris de coquilles marines. L'*ammonites nodosus* y est caractéristique. La dolomie, dont on voit les traces plus ou moins importantes dans les deux assises supérieures, se trouve principalement ici, ordinairement cristalline ou sublamellaire, en bancs peu puissants ou en masses informes entremêlées de marnes mais sans fossiles. Souvent on y voit aussi un calcaire bréchiforme, mais dont la pâte est plus compacte que celui de l'assise supérieure. Cette assise est terminée par des marnes schisteuses d'abord presque noirâtres et passant au gris, puis au rougeâtre, ce qui leur donne assez l'aspect des marnes irisées ; mais elles deviennent bientôt argileuses, puis sableuses, et passent ainsi insensiblement à l'étage inférieur.

Il est à remarquer que les calcaires dolomiques, qui contiennent seulement une quantité un peu notable de magnésie, paraissent être privés de fossiles.

L'étage inférieur, nommé *grès bigarré* (*grès de Nébra* ou *bunter sandstein*), est composé d'argile, de *psammite* (grès argileux micacé schisteux) et de grès proprement dit en bancs bien stratifiés, qui alternent, surtout dans la partie supérieure. Il y a, comme nous venons de le dire, passage de l'étage précédent à celui-ci, et, en outre, il existe les plus grands rapports entre les restes du règne animal de ces deux étages. La plupart des coquilles fossiles de l'un et de l'autre sont communes, et les ossements qu'on y a trouvés appartiennent aux mêmes espèces. Il est à remarquer que le *grès bigarré* renferme un grand nombre d'impressions végétales, tandis qu'on n'en voit presque pas de traces dans le conchylien. Cet étage se montre bien constamment le même partout où on l'a observé. Il est formé dans sa partie supérieure d'argiles rougeâtres, parfois sableuses, de psammites divisées par du mica argentin, en dalles ou plaques assez minces pour servir de couverture aux maisons : ses couleurs passent, par nuances variées, du gris au jaune et au rouge, et ses bancs sont séparés par des couches d'argile tendres et schisteuses ou onctueuses et compactes, de couleur rouge, verte, brune ou grise.

La partie inférieure est constituée par un grès quartzeux à grains fins, dont le ciment argileux est peu abondant; il contient moins de mica que les psammites, forme des bancs plus puissants d'un grès plus dur, fournissant d'excellentes pierres de tailles, dont la cohérence augmente par leur exposition à l'air. Les couches d'argile sont moins fréquentes et moins puissantes que dans la partie supérieure. Dans les bancs les plus inférieurs, on trouve des petits galets de quartz ordinairement compacte, grenu ou saccharoïde, blanc, gris plus ou moins foncé, ou noir, et le ciment du grès devient encore plus rare. Dans ce cas, il passe au *grès des Vosges* qui appartient au groupe suivant. Le grès bigarré repose en stratification généralement inclinée, au pied des escarpements formés par le *grès des Vosges* dont nous allons parler.

5° *Terrain pénéen* ou *groupe du grès rouge*.

Le *terrain pénéen* se compose d'une association de roches calcareuses et magnésifères, et de roches quartzeuses grisiformes, poudingiformes ou bréchiformes. Les roches calcareuses, quand elles existent, en occupent la partie supérieure et sont marneuses, schisteuses ou compactes, ordinairement de couleur grise ou noirâtre. Les roches quartzeuses qui en forment la base et qui dominent sont généralement de couleur rouge plus ou moins variée, ce qui a fait donner à ce groupe le nom de *grès rouge*.

Les fossiles de ce terrain sont très-différents de ceux des terrains précédents, ce qui suffirait pour justifier leur séparation. Les restes du règne animal ne se trouvent que dans la partie calcareuse, la partie quartzeuse ne renfermant, et dans quelques argiles seulement, que des empreintes végétales et quelques bois silicifiés, et encore n'en voit-on que dans la partie inférieure.

L'assise supérieure de la partie calcareuse est connue sous le nom de *zechstein*, et est composée de marnes gris-bleuâtre ou gris-verdâtre qui se lient aux assises argileuses du grès bigarré, d'un calcaire argileux, brun-noirâtre, fétide, imprégné de bitume, quelquefois bréchiforme, et renfermant des amas de gypse; de quelques couches de dolomie bitumineuses et enfin du zechstein proprement dit, qui est un calcaire gris de cendre ou noirâtre, compact, à cassure conchoïde, montrant des sulfures et des carbonates de cuivre. Ce calcaire est plus puissant que ceux qui le précèdent, et renferme de plus qu'eux un assez grand nombre de fossiles.

L'assise moyenne se compose d'un *calchiste* (roche composée de calcaire et de schiste argileux tantôt distincts, tantôt mélangés), bitumineux avec du carbone qui lui donne une couleur noire, et du sulfure de cuivre et de fer argentifer que l'on exploite dans quelques localités et qui lui a fait donner le nom allemand de *kupferschiefer*. Il est remarquable par les fossiles qu'il renferme, parmi lesquels on voit figurer un saurien et plusieurs espèces de poissons.

Dans certaines régions ces deux assises sont représentées par le seul calcaire magnésien (dolomie).

Enfin dans d'autres contrées, la partie supérieure du groupe est formée par un dépôt connu sous le nom de *grès des Vosges*, composé de grains de quartz d'apparence cristalline, réuni par un ciment argilo-siliceux, moins abondant que dans le grès bigarré, presque toujours coloré en rouge par un oxyde de fer. Le mica en paillettes s'y montre encore, mais bien moins fréquemment que dans ce grès. Cette roche généralement assez dure pour fournir d'excellentes pierres de taille, est quelquefois sans cohérence et passe à la structure arénacée. D'autres fois des fragments de cristaux de feldspath décomposés et passés à l'état de kaholin, en font une véritable *arkose*, c'est-à-dire une roche en sorte de grès composé essentiellement de grains de quartz dominant et de feldspath, liés par un ciment argilo-ferro-siliceux en proportions variables. L'arkose renferme accessoirement du mica et de l'argile, aussi paraît-il formé des débris du *granite* sur lequel il repose.

Le grès des Vosges renferme presque toujours des galets de quartz de différentes couleurs et de structures diverses et d'autres roches primitives. Leur grosseur varie depuis au-dessous de celle d'une balle de fusil jusqu'à celle d'un œuf de poule ; ils sont quelquefois si abondants que la roche passe à un véritable poudingue.

Ce grès est stratifié régulièrement, et ses strates sont inclinées au voisinage des chaînes de montagnes. Il forme des plateaux bordés d'escarpements abruptes ou des butes isolées. On n'y a encore trouvé aucun débris d'êtres organisés. Il repose à stratification tantôt concordante, tantôt transgressive, sur le *grès rouge* qui constitue la partie inférieure du terrain qui nous occupe. Il est en effet indépendant de celui-ci, puisque ce dernier existe souvent sous le grès des Vosges.

Le *grès rouge* (*roth toldt liegende*) est composé de roches conglomérées qui présentent tous les degrés intermédiaires entre la texture grésiforme à grains fins et les textures poudingiformes et bréchiformes à fragments les plus gros.

Ses parties constituantes sont des grains de quartz hyalin blanc plus ou moins arrondis, des grains de feldspath cristallin en grande partie décomposés, des fragments plus ou moins gros de schiste de *transition*, des galets de quartz, des cailloux roulés de *granite*, de *syénithe*, de *porphyre*, en un mot des débris des roches préexistantes, le tout lié par un ciment argilo-siliceux, chargé d'oxyde de fer auquel il doit sa couleur, en général rouge de brique. Lorsque la roche n'est composée que de quartz et de feldspath, en grains très-fins, toujours liés par le même ciment, et que le quarz domine, le grès devient schisteux, chaque feuillet est compacte ou subcompacte : c'est l'*argilolithe*.

La partie supérieure du grès rouge est ordinairement grossière et peu cohérente. Dans certaines localités, elle est distinguée par un grand nombre de petites taches ou points noirs que l'on attribue à l'oxyde de manganèse. La partie moyenne est plus consistante et plus dure, d'un grès plus uniforme que les deux autres. La partie inférieure est composée d'un grès à gros fragments souvent anguleux appartenant aux roches inférieures, de bancs plus ou moins nombreux et plus ou moins puissants d'argilolithe et d'*arkoses* dans son contact avec les roches massives.

Le grès rouge est assez bien stratifié dans ses parties supérieure et moyenne, et ses bancs sont plus ou moins inclinés; mais dans la partie inférieure, la stratification devient un peu confuse lorsque cette partie est composée d'arkose ou de conglomérat.

Il repose à stratification transgressive sur les terrains inférieurs; cependant quand il s'appuie sur le terrain *houiller*, c'est quelquefois en stratification concordante, il passe à ce terrain par des argilolithes qui portent des empreintes appartenant toutes à la végétation houillère.

Sa puissance est souvent considérable, il forme des monts arrondis ou ballons séparés par de profonds ravins ou vallées étroites que les agents atmosphériques modifient chaque année. On y voit quelques couches de roches calcareuses, des masses de calcaire compacte et des roches primordiales en filon ou en dike; mais souvent le grès n'a été que déposé dans les inégalités ou fractuosités de ces terrains plus anciens.

QUATRIÈME ORDRE.

TERRAIN CARBONIFÈRE.

Le *terrain carbonifère* gît au-dessous du terrain pénéen; il est composé de roches schisteuses, de grès de poudingue, de terrain détritique de gros conglomérats, de combustibles (*houille* et *anthracite*) et de calcaires compactes ou grenus, rarement saccharoïdes.

On y distingue le groupe supérieur ou *houiller*, et celui inférieur on *anthraxifère*.

1° *Groupe houiller.*

Le groupe *houiller* est caractérisé par la richesse des couches de *houille* qu'il renferme, par la nature des végétaux fossiles qu'il recèle et par sa disposition en bassins.

Il ne forme jamais, à lui seul, de grandes contrées; parce que ces couches, étant fortement inclinées, ne se projettent horizontalement que sur des surfaces peu étendues, et sont en grande partie recouvertes par d'autres terrains sous lesquels elles s'enfoncent; ou bien il est déposé dans d'étroites vallées entre les flancs desquelles il se resserre, mais il n'en est pas moins très-répandu sur la surface du globe par bassins ou dépôts circonscrits. Ses couches sont très-contournées, tourmentées et repliées en zigzag. Il a une grande tendance à former des bassins dont les bords sont fortement relevés et souvent comme repliés sur eux-mêmes, ce qui donne quelquefois à ce terrain une apparence de superposition inverse. Nous avons dit qu'il se lie, par ses couches supérieures, au terrain pénéen, tandis qu'il repose en stratification discordante sur le terrain anthraxifère, et souvent immédiatement sur le terrain *silurien* dont nous allons parler.

Ses schistes sont argileux, gris-bleuâtres ou noirâtres, ceux-ci sont assez souvent bitumineux, couverts de nombreuses empreintes végétales, et, dans quelques localités assez rares, d'empreintes de poissons, qui paraissent y avoir été comme entassés : par exemple, à Igornay, trois lieues N. N.-E. d'Autun, les grès sont à grains quartzeux tantôt fins, tantôt grossiers, et passent au poudingue. Leur couleur est le gris-cendré, gris-sombre ou gris-bleuâtre. On voit souvent dans ces grès des fragments plus ou moins gros et plus ou moins arrondis, appartenant aux roches inférieures. Le ciment qui lie les grès et les poudingues est souvent bitumineux. On trouve fréquemment dans ces roches du *fer carbonaté lithoïde* (carbonate ferrique argileux) en rognons plus ou moins volumineux, mais rarement en bancs ou lits un peu suivis.

La houille proprement dite est d'un noir éclatant, se

brisant en fragments cuboïdes, brûlant facilement avec une flamme brillante et vive, en se *boursoufflant, se collant* (propriété caractéristique) et dégageant une odeur particulière : lorsqu'elle a cessé de flamber, elle donne un charbon poreux, léger, solide, dur, d'un éclat métalloïde, nommé *cook*. Aujourd'hui la préparation du cook se fait en grand, et c'est sous cette forme que se fait la plus grande consommation de la houille; parce qu'ainsi, dépouillée de son bitume, elle ne nuit à aucune espèce de préparation. Lorsqu'on distille la houille on obtient, entre autres produits, le gaz hydrogène carboné dont on se sert pour l'éclairage. Le résidu de cette opération paraît prouver que la houille n'est composée que de carbone, de bitume, et de quelques parties terreuses.

La houille renferme souvent, à l'état libre, dans ses fissures, du gaz hydrogène carboné, provenant probablement de la décomposition spontanée des végétaux houillers, et retenus par les schistes et les grès qui enveloppent les couches. Lorsqu'on vient à mettre ces couches au jour, ce gaz s'échappe avec force dans les galeries, et comme il est éminemment combustible, il s'enflamme avec détonation au contact de la plus faible lampe; il en résulte des explosions qui, jusqu'à ces derniers temps, ont été trop souvent funestes aux ouvriers; mais, grâce aux lampes de sûreté de sir Humphry Davy, ces accidents sont désormais impossibles pour le mineur prudent.

Les différentes roches qui composent le terrain houiller sont bien stratifiées, mais affectées, comme nous l'avons dit, d'accidents nombreux et de plusieurs natures. La houille y forme des couches dont la puissance varie depuis quelques centimètres jusqu'à plusieurs mètres. Ces couches, séparées les unes des autres, se superposent quelquefois en grand nombre dans la même localité. Dans certaines formations, chaque couche est interposée entre deux bancs de schistes argileux, et ceux-ci entre des grès ; dans d'autres, la houille alterne indifféremment entre les schistes et les grès.

Un des caractères les plus remarquables du terrain houiller, c'est l'abondance des végétaux qu'il recèle ; il en offre à lui seul beaucoup plus que tous les autres terrains réunis, et appartenant à des genres différents ; mais ce qui est surtout bien digne de remarque, ce sont les dimensions gigantesques qu'atteignaient plusieurs de ces végétaux, des classes où nous ne voyons aujourd'hui que des plantes herbacées, ordinairement basses et rampantes (prêles, fougères, lycopodes, etc.); cette végétation aurait tellement décliné qu'aujourd'hui nous faucherions dans nos prairies les classes qui fournissaient jadis les puissantes forêts dont les précieux débris sont maintenant un des ressorts de notre industrie.

Les restes d'animaux y sont beaucoup plus rares ; quelques espèces de poissons, encore quelques ammonites, quelques coquilles marines et d'eau douce, mais absence presque complète d'animaux à respiration aérienne.

2° *Groupe anthraxifère.*

Le groupe houiller repose souvent sans intermédiaire sur le terrain *silurien*, mais souvent aussi on voit entre ces deux groupes une formation dans laquelle le calcaire est plus abondant que dans le terrain houiller, les restes de la végétation à peu près les mêmes que dans ce dernier terrain, mais moins abondants; le combustible qu'il renferme diffère de la houille sous plusieurs rapports, et surtout les restes des animaux appartenant à des espèces dont la plupart ne se trouvent pas dans les groupes supérieurs, ou y sont en proportion bien moindre. On l'a appelé terrain *anthraxifère*, du nom du combustible qu'on y trouve ordinairement.

Il est aussi connu sous le nom de *calcaire de montagne* (*mountain limostone*) à cause du calcaire compacte à bancs puissants qui y domine et qui le caractérise par ces fossiles. Ce nom lui vient de ce qu'on l'a d'abord observé sur les contreforts des chaînes de montagnes et sur les flancs des gros diks par lesquels il a presque toujours été fortement relevé.

Ce terrain se compose de calcaires de grès, de schistes, de houille ou *anthracite* de dolomie, mais principalement de calcaires. Sa partie supérieure est ordinairement un calcaire gris ou noirâtre, en banc régulier avec *trilobites*, ce qui le sépare du terrain houiller proprement dit. C'est plus particulièrement le *calcaire de montagne*. Au-dessous reposent des dolomies, des grès quelquefois blanchâtres, plus rarement grisâtres ou noirâtres; des schistes argileux, souvent tachant les doigts; alors ils passent à l'*ampélite;* enfin des couches d'*anthracite.*

L'*anthracite* est une substance charbonneuse opaque, d'un noir métalloïde. Quand il est abondant, il forme des couches ou des amas subordonnés au grès alors à grains fins, et aux schistes argileux; mais quand il n'existe qu'en petite quantité, on le trouve dans les mêmes gisements, en plaquettes ou en nids. Ce combustible brûle beaucoup plus difficilement que la houille, surtout quand il est en petite quantité, avec une flamme très-courte, et même sans flamme, sans fumée et sans odeur, s'éteignant à l'instant même où on le retire du foyer, et se couvrant d'une croûte de cendres blanches. Il décrépite souvent au feu et se réduit en poussière, il est alors impossible de l'allumer de nouveau. Il est sans bitume, de sorte que ses parties combustibles semblent se réduire uniquement au carbone. Du reste il dégage une vive chaleur et pourrait être employé dans les travaux des forges et des fonderies s'il brûlait plus facilement.

Au-dessous de ces couches règne un nouveau calcaire pur, ordinairement coloré en bleu par une matière charbonneuse, mais qui disparaît quand on porte la roche à la température chargée. Il dégage une odeur fétide plus ou moins forte sous le choc du marteau. Ses bancs sont en général épais, assez réguliers, et ne sont pas séparés par des lits d'argile impure, comme il arrive si souvent pour d'autres calcaires. C'est le calcaire fétide (*stinkalk*). Enfin des bancs de dolomie, relativement peu puissants, terminent généralement cette formation, et la séparent du terrain *protozoïque*, qui va nous occuper. Dans plusieurs contrées, les couches d'anthracite alternent plusieurs fois avec les calcaires, les grès et les schistes, comme cela arrive dans le terrain houiller à l'égard de la houille.

Le terrain anthraxifère présente souvent une stratification fortement inclinée, quelquefois même verticale, ce qui donne lieu à des escarpements et à des roches à pic que l'on ne trouve pas dans le terrain houiller.

Les fossiles se trouvent principalement dans la partie supérieure, et surtout dans les roches calcareuses, comme cela arrive ordinairement.

CINQUIÈME ORDRE.

TERRAIN PROTOZOÏQUE

(*partie inférieure de l'ancien terrain de transition*).

Nous réunirons sous cette dénomination commune tous les terrains inférieurs ou terrain carbonifère, et qui recèlent encore des restes organiques, mais dans lesquels on n'a pu trouver, jusqu'à présent, de dépôt de combustibles. Cependant MM. de Beaumont et Dufrénoy regardent plusieurs des combustibles de la Bretagne comme ayant été déposés dans l'étage supérieur du terrain silurien; mais au moment où nous écrivons, il n'est pas généralement reconnu que les roches qui recèlent ces dépôts n'appartiennent pas au terrain carbonifère, et au surplus nous voulons seulement dire que, dans cet ordre de terrains, les combustibles, s'il y en a, sont incomparablement plus rares que dans les terrains qu'ils supportent; et qu'il faudra prendre la houille là quand on la trouvera, sans jamais l'y chercher.

Les caractères généraux de cet ordre de terrains sont de renfermer plus qu'aucun autre des roches argileuses dont les couches sont contournées et très-tourmentées, et d'être composé aussi plus qu'aucun autre de grès, de poudingues, de conglomérats quartzeux, de schistes argileux d'un aspect soyeux ou satiné; d'offrir les véritables ardoises et, surtout, une sorte de grès plus ou moins grossier, quelquefois à grains fins, à ciment argileux et micacé, le plus souvent schistoïde, passant au poudingue, et connu sous le nom de *granwache*, ou mieux *psammite*, parce que l'on a souvent employé le mot de grauwacke pour désigner tout un terrain et non une formation particulière. Nous le diviserons, en allant de haut en bas, d'après la nature des fossiles et la discordance de stratification, en trois systèmes, le *dévonien*, le *silurien* et le *cambrien*.

1° *Système dévonien.*

Il se distingue des groupes supérieurs par les fossiles qui lui sont propres, surtout plusieurs espèces de poissons; dans ses parties inférieures seulement, il renferme quelques espèces, non bien caractérisées, du système silurien, et il a cela de remarquable, qu'il est le premier terrain dans lequel les poissons ont commencé à apparaître, puisqu'il est le plus bas de tous ceux dans lesquels on a pu en trouver des restes. Il se sépare aussi des autres dépôts par ses caractères minéralogiques, et ces deux genres de distinctions se soutiennent jusque dans les contrées lointaines. Cependant la grande ressemblance qui règne entre les calcaires de ce système et ceux du groupe carbonifère ne permettent pas de les distinguer par les seuls caractères minéralogiques. Ce système est composé, dans sa partie supérieure, de calcaire compacte gris, avec productus. Au-dessous est un calcaire compacte noir, avec veines blanches de calcaire spathique, renfermant des productus, des goniatites, des clyménies, quelques gîtes de minerais de fer et de nombreux polypiers, environ vingt espèces, propres au terrain devonien. Il prend ordinairement un beau poli, et le marbre qu'il fournit; connu sous le nom de marbre de la Lakn, est recherché pour les effets de ses beaux polypiers; sous ces calcaires règne une série, souvent très-puissante, de grès quartzeux rouges, de schistes argileux noirs passant à l'ardoise, et accompagnés inférieurement de quelques couches de calcaire noirâtre. Plus bas des psammites jaunes, des marnes et calcaires rouges et verts, des poudingues à cailloux de quartz, des psammites schistoïdes rougeâtres et de gros conglomérats à la base. Dans toutes ces dernières assises, la structure schistoïde et la couleur rouge dominent, ce qui lui a fait donner en Angleterre, où cette partie du système est très-développée, au point d'y parvenir à la puissance énorme de trois mille six cents mètres, le nom de vieux grès rouge (*old-red-sanstone*). C'est dans ce vieux grès rouge que gisent principalement les poissons propres au système devonien.

Rarement cette série de dépôts est complète dans une même localité. Quelquefois le terrain devonien n'est représenté que par la partie inférieure schistoïde rougeâtre et à conglomérats (*old-red-sanstone*). D'autres fois, au contraire, on n'y voit que des calcaires noirâtres et des schistes noirs passant à l'ardoise, qui appartiennent plus particulièrement à la partie supérieure; mais partout les végétaux y sont rares, comparativement aux terrains carbonifères.

Les filons d'eurite, de diorite et de porphyres, même les épanchements de ces roches, sont fréquents dans ce terrain qu'ils ont tourmenté plusieurs fois.

2° *Système silurien.*

Le *système silurien* est composé, dans sa partie supérieure, d'abord de *psammites* schisteux. Ils sont de couleur grisâtre, verdâtre ou violâtre. Viennent ensuite des schistes noirs, bleuâtres verts ou lie de vin, à cassure plus ou moins terreuse, se divisant facilement en fragments et peu propres à être exploités comme ardoise. On trouve souvent dans ces schistes, en rognons allongés et fréquents, mais non en couche suivie, un calcaire enveloppant un bon nombre de fossiles qui sont propres au terrain protozoïque. Parmi les zoophytes, deux espèces sont caractéristiques : *aulopora tubæformis* et *astrea* (*cyathophyllum*) *ananas*. Le genre de polypiers *graphtolytes* y est aussi plus fréquent que dans les terrains voisins. Ordinairement de nouveaux grès viennent au-dessous de ces schistes, et ces grès recouvrent à leur tour de nouveaux schistes noirs ou bleuâtres, presque toujours susceptibles de se détacher en feuillets minces, droits et sonores, très-propres à être exploités comme ardoise, et faciles à distinguer des schistes supérieurs en ce qu'ils sont schisteux jusque dans les moindres parties de leur cassure et qu'ils n'ont pas de tendance à se diviser en petits fragments. Ces ardoises recouvrent des grès blancs, siliceux, à grains très-fins, montrant quelquefois des restes de corps organiques paraissant appartenir au règne végétal. Ces grès sont divisés en strates peu épais, séparés par de minces lits d'argile blanche ou jaune, et souvent micacés. Enfin ce système est terminé à sa base par un poudingue formé de galets de quartz hyalin blanc, rose, violet, et de quartz noir, réunis par un ciment siliceux et souvent talqueux dans la dernière assise. On voit donc que ce système est généralement formé de couches alternantes de grès, de schistes, et de poudingues. Il renferme aussi, en amas subordonnés, des calcaires compactes ou grenus, ordinairement gris, bleuâtres ou noirâtres. Il repose à stratifications ordinairement transgressives ou discordantes sur le système suivant.

3° *Système Cambrien.*

Le *système cambrien* auquel nous terminerons notre terrain protozoïque, est plus accidenté et plus tourmenté dans ses assises que le système silurien; ses strates sont très-souvent redressés jusqu'à la verticale. Il se compose principalement de roches schisteuses, souvent satinées, d'un noir bleuâtre. On y voit aussi des grauwackes schisteuses et des grès à grains fins. Les grauwackes sont d'un grès jaunâtre quelquefois violacé. Elles passent souvent à des masses argilo-schisteuses un peu endurcies et de la même couleur. Ce système, à l'exception de quelques localités, ne paraît pas contenir de calcaires. Les fossiles y sont extrêmement rares, et appartiennent aux êtres les plus simples des deux règnes. Parmi les plantes, des cryptogames vasculaires (fougères et prêles), parmi les animaux, des mollusques (orthocréatites), des crustacés (trilobites). Il est à remarquer que lorsqu'on trouve quelques restes du règne animal dans ces terrains, c'est toujours dans le peu de calcaires qu'ils renferment. On voit encore dans ce système et dans le précédent, des masses compactes, quelquefois considérables, de quartz hialin. Quelquefois ces masses paraissent stratiformes, et alors le quartz y est assez généralement rosâtre ou rougeâtre.

Les filons métallifères sont nombreux dans le terrain protozoïque, entre autres ceux qui renferment du *cuivre*, du *plomb*, du *zinc* et du *fer*; les métaux des trois premiers sont ordinairement à l'état de sulfure, et celui du quatrième plus souvent à l'état de limnite, d'ologiste (peroxyde de fer, gris brillant, quelquefois irisé, souvent laminaire ou écailleux, donnant une poussière rouge), et quelquefois à l'état de carbonate. Ces mines métalliques se rencontrent souvent tout-à-fait à la base de la formation qui nous occupe, c'est-à-dire entre cette formation et les terrains massifs ou non stratifiés, contre lesquels ils s'appuient. Le mercure appartient aussi à ce terrain, mais aux schistes supérieurs.

Pour terminer la description des terrains stratifiés, nous allons donner une liste des fossiles que l'on rencontre le plus fréquemment dans les diverses formations qui les composent.

La connaissance des fossiles est indispensable à la détermination rigoureuse du niveau géognostique des groupes des terrains de sédiments.

DES FOSSILES.

Rien ne peut s'anéantir sur la terre, mais tout y change continuellement de forme et de nature, tant à la surface du globe que dans son intérieur.

Les parties des corps organisés sont, pendant la vie, soumises à des lois particulières qui, en soustrayant leurs principes constituants aux lois générales de la matière, tendent à la conservation et au développement des individus. Mais après la mort, ces principes retombant dans le domaine de la matière inerte dont ils avaient été distraits pour un temps, et n'obéissant plus, comme tous les autres corps, qu'aux forces chimiques, réagissent les uns sur les autres et changent plus ou moins promptement de forme et de nature. Que le corps organique soit exposé aux agents atmosphériques ou qu'il soit enfoui dans le sol, ses parties molles seront promptement et simultanément détruites et transformées en liquides ou en gaz; mais les parties solides résisteront bien plus longtemps à la décomposition qui n'aura lieu que lentement et de molécule à molécule. Si ces parties solides sont enfouies, chaque molécule détruite sera remplacée, à mesure, par une de celles du terrain enveloppant, de sorte qu'avec le temps, le corps, sans avoir changé de forme, aura complètement changé de nature.

Les os des animaux et les coquilles des mollusques sont composés essentiellement de carbonate calcique et de phosphate de l'ancienne base liés par de la gélatine. Si ces corps sont enfouis dans un terrain essentiellement siliceux, on trouvera, selon la longueur du temps qui se sera écoulé depuis l'époque de l'enfouissement, qu'ils retiennent encore une partie de tous leurs principes constituants, et que ce qui s'est détruit de chacun d'eux est remplacé par de la silice, ou que la gélatine, moins solide et plus animalisée que les autres principes, a disparu entièrement la première, ou que le carbonate de chaux est le seul qui subsiste encore en partie, ou enfin qu'ils sont tous entièrement remplacés par la silice. Si le terrain est calcaire, les corps enfouis pourront, après un temps suffisant, être entièrement remplacés dans leurs moindres parties par cette roche, de manière à offrir des corps identiques, pour la forme, mais de nature calcaire. Puis, comme tous les calcaires contiennent plus ou moins de silice, l'observation a appris que, pendant la durée d'une seconde période, la chaux est graduellement remplacée par la silice, de sorte qu'à la fin de cette seconde période dont le cours n'est point encore terminé pour le plus grand nombre, les corps qui étaient devenus calcareux, sont ou seront siliceux, d'où il suit que dans les deux cas que nous avons distingués, le corps enfoui peut être regardé comme un centre attractif vers lequel se portent lentement, il est vrai, mais inévitablement les molécules siliceuses du terrain environnant. Ce que nous venons de dire des matières animales doit s'entendre également des parties solides des végétaux quant à l'assimilation des molécules minérales.

Un corps organique ainsi caché dans le sol, à une profondeur plus ou moins grande, depuis une époque plus ou moins reculée et dans un état de décomposition plus ou moins avancé, est ce que l'on appelle un *fossile*, et l'on doit entendre par corps *pétrifié* un fossile dont toutes les molécules des principes organiques sont déjà remplacées par autant de molécules minérales.

Mais un corps organique solide peut être de nature à se dissoudre dans les liquides qui infiltrent le sol dans lequel il est enfoui. Si cette dissolution arrive après la consolidation plus ou moins parfaite de ce sol, il restera une cavité dont les parois retiendront toutes les formes et les accidents de la surface extérieure du fossile; cette cavité sera ce que l'on appelle une *empreinte*. Si le fossile a lui-même une cavité, comme il arrive pour les coquilles par exemple, cette cavité, par la pression, se remplira exactement de limon qui sera bientôt endurci, qu'il y soit entré à l'état pâteux ou pulvérulent. Après la dissolution, il restera ce que l'on appelle un *moule intérieur* ou simplement un *moule*, qui offrira à sa surface extérieure tous les détails de celle intérieure du fossile. Enfin l'empreinte ou la cavité laissée par le fossile peut être postérieurement remplie par une substance étrangère, inorganique qui, en se moulant exactement sur la paroi, donnera, si elle est mise en liberté par une cause quelconque, ce que l'on a appelé une *contre-empreinte*.

Ces moules et ces empreintes ne sont pas moins intéressants pour le géologue que le fossile lui-même, car ils en constatent aussi bien l'existence et sont également propres à sa détermination. D'après toutes ces considérations, nous dirons avec M. Deshayes, qu'un fossile est *un corps organisé qui a été enfoui dans la terre à une époque indéterminée, qui y a été conservé ou qui y a laissé des traces non équivoques de son existence.*

On observe que plus on s'enfonce dans l'écorce du globe, plus le changement de composition des fossiles devient complet, et qu'en même temps plus les espèces deviennent différentes de celles qui vivent actuellement, de sorte que chaque groupe de couches est en quelque sorte caractérisé par ses fossiles qui peuvent donner la date relative de sa formation.

Ainsi 1° les restes des espèces vivantes se trouvent mêlés aux débris de l'industrie humaine et enfouis ensemble dans les dépôts les plus modernes. Leurs parties solides ont ordinairement conservé leurs principes constituants.

2° Dans les dépôts immédiatement inférieurs, on trouve des restes appartenant à des espèces qui n'existent plus, mais qui ne diffèrent que très-peu de celles vivantes, et peuvent se ranger dans des genres connus ou très-voisins. Ce sont des *éléphants*, des *rhinocéros*, des *hippopotames*, des *ours*, des *hyènes*, des *chevaux*, des *cerfs*, des *bœufs*. Ces débris conservent encore une partie de leur gélatine et leurs autres principes.

Les restes de végétaux y sont assez communs. Plusieurs ont conservé leurs formes, et sont seulement altérés ou bituminisés, d'autres les ont perdues et sont transformés en lignites quelquefois, mais plus souvent en tourbe ou en terreau.

3° Dans les couches qui viennent au-dessous, on voit diminuer le nombre des animaux qui appartiennent aux genres actuellement vivants, et augmenter ceux qui appartiennent à des genres qui n'existent plus. Les *mastodontes*, les *dinothères*, les *lophiodontes*, les *anthracothères*, les *ziphies*, etc.

Leurs os ont perdu leur gélatine, mais conservent encore presque tout leur phosphate de chaux et tout leur carbonate.

4° Plus bas, les débris n'appartiennent plus aux genres actuels, quelques-uns seulement s'en rapprochent; ce sont des mammifères pachydermes très-différents de nos animaux vivants; des *paléothères*, des *anoplothères*, des *chéropotames*.

La pétrification de ces débris est plus avancée que celle des précédents; ils ont généralement perdu leur phosphate de chaux qui est remplacé par d'autres substances calcareuses ou siliceuses.

5° Plus bas encore on ne voit plus de mammifères, et les vertébrés se trouvent réduits à des reptiles monstrueux, la plupart de taille gigantesque, qui surpassent de beaucoup tout ce que la zône torride peut offrir de plus grand aujourd'hui. Ce sont les *mégalosaures*, les *mosasaures*, les *géosaures*, les *téléo*-

saures, les *ichtiosaures*, les *plésiosaures*, les *ptérodactiles*.

Leurs ossements sont à peu près complètement pétrifiés, et ne retiennent ordinairement aucune trace de matières organiques.

6° Enfin au-dessous de ce dernier système, on ne trouve même plus de restes de vertébrés. Le règne animal paraît réduit à des zoophytes, des mollusques et des crustacés; parmi ces derniers, plusieurs genres de *trilobites* dont on ne retrouve aucune trace, non-seulement parmi les classes existantes, mais même parmi les fossiles des terrains supérieurs.

Les fossiles animaux sont rares dans ces terrains inférieurs, et toujours complètement pétrifiés. Il n'en est pas de même des fossiles végétaux. Ceux-ci y sont en très-grand nombre et annoncent une force de végétation bien supérieure à celle d'aujourd'hui, même dans les régions équatoriales. Ils appartiennent tous à des genres actuellement inconnus, et de la classe des cryptogames vasculaires.

Dans l'origine, parmi les animaux, c'était l'ordre des ovipares qui dominait exclusivement. Celui des vivipares commença plus tard et se développa aux dépens du premier, qui alla toujours en décroissant, de sorte que le dernier domine de beaucoup aujourd'hui. Parmi les végétaux, c'étaient d'abord les cryptogames; puis les phanérogames, survenus plus tard, se sont développés à proportion de ce que les premiers se sont réduits, et aujourd'hui les premiers sont rares, tandis que les derniers couvrent la presque totalité de la partie du globe qui se montre au-dessus des eaux.

Considéré sous le rapport géognostique, un fossile est dit *caractéristique* d'un terrain ou d'une de ses divisions quand il s'y trouve exclusivement. Dans ce cas, sa présence serait le signe le plus certain auquel on pourrait reconnaître ce terrain.

SUR LES

GRANDS GLACIERS ANTÉDILUVIENS

DES ALPES

ET DES AUTRES CHAINES DE MONTAGNES.

J'ai communiqué, dès 1840, mes idées sur les restes des anciens glaciers à la Société géologique de France. Cette Société comptant peu de membres dans nos départements, la publication, par la voie du *bulletin* de cette Société y fut à peu près nulle. Cependant elle me paraissait intéressante. Elle avait pour but d'appeler l'attention sur les grands glaciers qui ont dû occuper, avant le déluge, une partie notable de l'Europe et peut-être du monde entier : je crus m'apercevoir aussi que je leur avais peut-être attribué un peu plus d'importance qu'ils n'en avaient eu. Je prends donc le parti d'en publier directement une seconde édition débarrassée de tout ce que la première pouvait avoir qui se sentît de l'enthousiasme qui, je l'avoue, me dominait alors.

Une première idée m'avait été inspirée par les belles recherches de M. le professeur Agassiz, de Neuchâtel,

Cependant je ne pouvais admettre pour cause du phénomène, un soulèvement des glaces des Alpes qui supposait la préexistence de ces glaces, tandis que je voulais, surtout, indiquer clairement leur mode de formation. Je reprends donc ici ce que j'ai déjà dit en 1840.

SUR LES CAUSES

DE

L'ÉRECTION DES MONTAGNES.

Dans les circonstances où s'est trouvé le globe terrestre, à l'origine, sa surface a dû perdre plus de calorique par le rayonnement vers les espaces planétaires qu'elle n'en recevait de l'intérieur de la masse ; elle a donc dû se consolider la première, et former ce que nous appelons aujourd'hui la croûte solide ou minérale de la terre.

Les premières couches de cette croûte ont été, comme nous l'avons dit, d'abord brisées un grand nombre de fois et réduites en lambeaux de toutes les dimensions ; plus tard, cette croûte a fini par former, au moins momentanément, une enveloppe continue, qui, en se condensant ou se contractant par refroidissement, a diminué de capacité, et, par suite, a exercé sur la masse liquide intérieure une pression qui a dû forcer une partie de cette masse à s'échapper au-dehors en rompant l'enveloppe, à peu près comme il arrive à un bouton métallique fondu qu'on a laissé refroidir trop vite. On voit une partie de la matière de ce bouton se projeter en déchirant la pellicule brusquement solidifiée. Ici, une partie notable du métal encore liquide est lancée dans l'air. L'extrême lenteur du refroidissement de la surface de la terre, lenteur due à l'immensité de cette surface, n'a pu produire que des phénomènes dans des proportions incomparablement plus faibles ; mais quelque faibles qu'ils ont pu être comparativement, ils n'en ont pas moins été très-notables si on les rapporte à nos mesures habituelles.

A cette même époque, une force d'une autre nature tendait plus énergiquement qu'aujourd'hui à produire les mêmes effets : le refroidissement de la terre étant plus rapide, la diminution de son rayon l'était aussi ; sa vitesse de rotation croissait donc plus sensiblement, et par suite, à plus forte raison, la force centrifuge augmentait et produisait un plus grand aplatissement des pôles. L'enveloppe du globe s'éloignait donc plus rapidement de la forme sphérique, ce qui lui faisait perdre d'autant plus de sa capacité, et la forçait de comprimer fortement et constamment la masse liquide.

Plus tard, les phénomènes se sont passés d'une manière en quelque sorte inverse. La croûte une fois solidifiée et arrivée à une température beaucoup plus basse que celle de l'intérieur, cessa de se refroidir plus rapidement que lui, conformément aux lois du refroidissement, et aussi à cause qu'elle est très-mauvais conducteur du calorique, propriété qu'elle doit non-seulement à sa nature spéciale, mais encore à sa structure. Or, à égalité de refroidissement, un corps liquide se contracte plus qu'un corps solide ; donc, depuis cette époque, le retrait du noyau liquide a été plus grand que celui de l'enveloppe. Il y a plus, c'est que, depuis des époques bien reculées, le refroidissement de cette enveloppe, dans un temps donné, est incomparablement moindre que celui du noyau liquide ; car elle reçoit de lui, à très-peu près, le calorique qu'elle rayonne dans l'espace. La condensation est donc, à plus forte raison, bien moindre depuis longtemps que celle de l'intérieur. Or, on sait que les capacités se contractent comme les volumes de mêmes dimensions ; donc, depuis ces époques, le noyau terrestre prend des dimensions toujours de plus en plus petites par rapport à celles de son enveloppe.

Si donc la croûte minérale du globe avait été assez épaisse, assez solide, et n'avait pas été antérieurement tant de fois disloquée, elle aurait résisté à la pesanteur, et depuis des temps géologiquement anciens, elle formerait un sphéroïde creux à l'extérieur du noyau solide qu'elle ne toucherait plus.

Mais si l'on veut se rappeler combien même encore aujourd'hui cette enveloppe est mince, et se représenter toutes les fentes provenant des fractures, l'innombrabilité de celles produites par le retrait des couches, soit par refroidissement, soit par dessèchement, toutes les discontinuités occasionnées par la stratification même ; on n'y verra plus qu'une structure en décombre, et on sentira combien elle est incapable d'une telle résistance. Aussi s'est-elle toujours affaissée sur son noyau à mesure qu'il a diminué, et ce sont ces affaissements qui vont nous fournir l'explication la plus satisfaisante et peut-être la plus naturelle de la formation des chaînes de montagnes, des failles et des autres accidents qui affectent la surface de la terre.

Pour apprécier plus facilement la grandeur relative des forces qui ont produit ces accidents, il faut commencer par se faire une idée exacte de l'importance de nos chaînes de montagnes comparées à la masse générale du globe.

L'épaisseur de la croûte solide du globe peut être supposée, d'après les observations dont nous avons parlé, d'environ cent soixante mille mètres. Or, nous n'avons pas de montagnes dont la hauteur absolue soit d'un myriamètre, c'est-à-dire de la seizième partie de cette épaisseur; mais nous avons dit que celle-ci était à la masse du globe moins que n'est la paroi d'un verre à boire commun à la capacité de ce verre. Ainsi les plus hautes montagnes ne sont pas, à l'égard de la terre, ce que sont sur ces verres les petites aspérités qu'on y observe quelquefois. Comme on l'a dit encore, on décrit avec un trait de plume ordinaire un cercle de cinquante-cinq millimètres de diamètre, les inégalités presqu'inévitables de l'épaisseur du trait seront souvent plus importantes à l'égard de ce cercle que les plus hautes montagnes ne le sont relativement à la terre; car il suffira pour cela que ces inégalités soient d'un seizième de cette épaisseur du trait. Que sont donc sur notre planète les montagnes et les inégalités ordinaires?

Suivons maintenant la marche du refroidissement. A mesure que le noyau a diminué, l'enveloppe l'a suivi, forcée qu'elle était de s'appuyer constamment sur lui; mais elle n'a pu le suivre d'une manière égale, ses dimensions étant de plus en plus excédantes, elle a dû se contourner, se plisser, s'éloigner toujours davantage de la forme sphérique pour diminuer de capacité. Or les couches moyennes et supérieures étant déjà trop solides pour se prêter à ces ondulations, ont fléchi d'abord plus ou moins; puis elles se sont brisées brusquement, et les fractures ont dû se former suivant les lignes de moindre résistance. Alors les couches brisées sont venues charger de tout leur poids les couches inférieures, et toutes ensembles elles ont pressé la masse liquide plus fortement en ces points d'enfoncement, conformément à la loi de la pesanteur. Ces lignes de fractures supérieures, d'après les conditions connues d'équilibre, ont forcé ce liquide à s'élever au-dessus de son niveau dans les points de moindre pression, c'est-à-dire sous les fentes; et le plus souvent la force ascensionnelle qui en est résultée l'a contraint de s'épancher au dehors par ces fentes, poussant probablement devant lui une partie des couches inférieures à demi solidifiées. Dans ce cas, les lèvres des fentes ont dû être écartées et soulevées par le flux des matières ignées. Telle est probablement la manière dont se sont produites ces grandes masses de terrain d'épanchement, ces longues chaînes primitives dont il ne faut pas oublier que la grandeur apparente est entièrement relative à l'extrême petitesse de nos mesures. Ces mouvements ont dû être variés de toutes les manières possibles. Souvent le terrain s'est fendu, un des bords de la fente avec la partie attenante du terrain s'est enfoncé, tandis que l'autre est resté à sa hauteur primitive, montrant entre lui et le bord abaissé une partie plus ou moins grande des formations qui l'ont précédé. Ce genre d'accident a été nommé *faille*, et rien n'est plus fréquent à la surface de la terre. Les failles n'existent pas seulement dans les pays de montagnes, elles sont communes dans les pays de collines et se voient aussi dans les plaines. On reconnaît une faille à ce que, quand elle est coupée ou ravinée perpendiculairement à la fissure suivant laquelle elle a eu lieu, une couche quelconque sur un côté de cette fissure se voit à un niveau plus élevé sur un côté que sur l'autre.

L'escarpement résultant de l'abaissement ou de l'exhaussement d'un des bords d'une faille finit par disparaître d'autant plus vite que les roches sont calcaires, car ces roches absorbent, pendant l'été, des quantités considérables d'eau qui se congèlent pendant l'hiver et divisent la roche en fragments qui s'écroulent au premier dégel. Ces éboulements répétés pendant un nombre suffisant d'hivers, et souvent plusieurs fois pendant un seul, détruisent bientôt l'escarpement en reculant continuellement son bord supérieur, et en amenant ainsi la pente à la limite du *talus d'éboulement*, qui, d'après les nombreuses observations de M. Le Blanc, n'excède pas 35°.

On comprend, d'après cela, comment un pays de basses collines n'est souvent ondulé que par l'effet des failles dont les escarpements sont éboulés. Cette théorie n'explique pas pourquoi les chaînes de montagnes d'une même époque, ou qui ont relevé les mêmes terrains de sédiment, sont sensiblement parallèles. Cependant ce phénomène qui, il est vrai, n'a pas encore été suffisamment étudié, paraîtrait se vérifier par les faits. C'est du moins ce qui semblerait résulter des belles recherches de M. Elie de Beaumont. Ce géologue regarde les fractures de la croûte du globe qui se sont faites à une époque, comme étant dirigées suivant des arcs de grands cercles parallèles, c'est-à-dire dont les tangentes correspondantes, par exemple celles menées par le milieu de chacun d'eux, sont perpendiculaires à un même grand cercle. M. de Beaumont a vérifié ce fait sur douze ou treize systèmes de montagnes d'âges successifs. Le fait de la pluralité des chaînes de montagnes qui semblent appartenir à une même époque géologique ou à des époques médiocrement éloignées les unes des autres, nous paraît très-favorable au système d'après lequel on considère ces montagnes comme les conséquences des enfoncements du sol. On sent que le parallélisme des chaînes de montagnes ne peut être qu'un indice de leur contemporanéité, et non une preuve suffisante. Il faut de plus, que les terrains inclinés sur leurs flancs et à leurs pieds soient géologiquement les mêmes; car les affaissements du sol formés à des époques différentes étant indépendants les uns des autres, les lignes d'aspérités qu'ils font naître peuvent fortuitement se trouver parallèles. Réciproquement, des enfoncements peuvent avoir lieu, au même instant, par des causes indépendantes, et faire naître par conséquent des chaînes qui ne jouiront pas du parallélisme, bien que contemporaines et ayant pu incliner des terrains semblables. Ceci a dû surtout arriver pour des chaînes éloignées; aussi l'a-t-on observé sur plusieurs points, notamment en Angleterre.

Quelle que soit la nature d'une croûte solide qui se rompt par son propre poids, si on lui suppose quelque consistance, le lambeau qui s'en détache doit nécessairement être grand et la ligne de rupture fort longue, comparativement à l'épaisseur. Par exemple, lorsque, pendant un hiver rigoureux, un lac ou un étang se couvre d'une nappe de glace dans toute son étendue, et que le niveau de l'eau qui la supporte vient à baisser, ce qui arrive toujours, soit par l'écoulement, soit par l'infiltration, on voit se former sur la surface de cette glace des dépressions et en même temps de longues fentes, d'autant plus grandes que la glace a plus d'épaisseur.

La formation d'un de ces enfoncements a dû déterminer à peu près dans le même temps celle de quelques autres; car, avant les fractures, l'effet de la rigidité était de prêter une sorte d'appui aux diverses parties qui se tenaient mutuellement en équilibre; mais après la formation des lignes de rupture, les parties extérieures se sont trouvées livrées à toute la grandeur de leur poids, l'équilibre a été troublé, de nouveaux enfoncements ont fait naître de nouvelles lignes de fracture, et cette répétition de mouvements a dû se continuer dans toute l'étendue de la partie de la surface de la terre qui se trouvait soumise aux mêmes conditions d'équilibre.

Dans les premiers temps géologiques, lorsque le

retrait de la matière liquide était encore rapide et la croûte fort mince, les enfoncements, les redressements de couches, les éjaculations de roches plutoniennes, et en un mot, les grandes révolutions qui en étaient la suite, devaient être plus fréquentes; mais à mesure que le refroidissement s'est ralenti, et que, par l'effet de ce refroidissement, de nouvelles couches sont venues s'ajouter inférieurement à celles déjà consolidées, et augmenter ainsi de plus en plus l'épaisseur et la solidité de la croûte; il est arrivé, d'une part, que le retrait a été plus lent, d'une autre, que l'enveloppe plus solide est devenue capable d'une plus grande résistance; deux causes d'où est résulté une plus grande stabilité à la surface de notre planète.

A mesure qu'à la suite des temps les révolutions sont devenues plus rares, elles sont devenues aussi plus terribles, sous ce rapport que les aspérités et les renversements de couches qu'elles ont produits ont été plus considérables; car la croûte, devenue plus épaisse et plus dense, a résisté davantage au plissement nécessité par le retrait, et a pu, sur certains points, rester plus éloignée du noyau. Mais lorsqu'enfin l'enfoncement a eu lieu en ces points, les couches ont pris une plus grande inclinaison. Cette inclinaison plus grande, et l'augmentation de poids provenant d'une plus forte épaisseur, sont deux causes pour lesquelles les couches brisées ont, à la partie inférieure de l'enfoncement, exercé une plus forte pression sur la masse liquide, qui, elle-même a, par suite, réagi plus énergiquement qu'aux époques antérieures. L'épanchement des roches en partie pâteuses, en partie liquides, a été plus considérable ; les lèvres des fentes supérieures, déjà plus épaisses, ont encore été plus fortement relevées : nouvelle cause d'une plus grande inclinaison. Enfin les inégalités du sol sont devenues plus saillantes, et les chaînes nouvelles ont dû prendre plus d'étendue.

Ce raisonnement paraît s'accorder avec les faits, puisque les montagnes qu'on regarde comme plus récentes, parce qu'elles ont incliné des couches plus modernes, sont en effet les plus élevées et appartiennent aux plus grandes chaînes.

Nous citerons entre autres, en Europe, les Pyrénées et les Alpes-Orientales ; en Asie, la chaîne de l'Himalaya ; et, en Amérique, la grande chaîne des Andes.

Les mouvements du sol, tout en devenant plus prononcés, ont cependant produit des catastrophes de moins en moins générales. Les premières mers étaient peu profondes mais très-étendues. Le moindre changement de niveau renversait de fond en comble des bassins entiers dont les eaux étaient déversées, sans grand obstacle, dans les autres mers et sur les terres, où elles causaient des destructions presque générales. Plus tard les inégalités étant devenues plus prononcées, les pentes plus longues, et par suite les enfoncements plus profonds, les mers se sont resserrées dans de plus étroites limites, abandonnant de grandes plages qu'elles avaient longtemps recouvertes ; mais elles ont pris d'autant plus de profondeur et ont été d'autant plus encaissées ; de sorte qu'un mouvement plus grand du fond de ces mers n'y a plus occasionné un aussi grand déplacement de leurs eaux. Un mouvement du sol a pu bouleverser un bassin sans troubler l'ordre des choses dans un autre. Ce qui s'accorde encore avec l'observation.

Quand, par suite du retrait du noyau, de nouveaux enfoncements devaient avoir lieu, on conçoit que les mouvements du sol ont pu s'effectuer plus facilement autour des lignes qui avaient déjà servi de charnières dans les premières révolutions, et que les lambeaux qui s'étaient déjà mus étaient encore les plus propres à se mouvoir; de sorte que, le plus souvent, et sauf d'autres causes déterminantes plus puissantes, c'est dans les anciennes lignes de rupture, c'est-à-dire au sein des anciennes chaînes, que les nouveaux épanchements auront eu lieu. Mais chaque époque a dû apporter au jour des roches de nature différente, parce que ces roches venaient toujours d'une plus grande profondeur ; les roches supérieures, qui avaient fourni la matière des premières éjaculations, s'étant solidifiées depuis l'époque précédente. C'est ainsi qu'à l'ordre du gisement, du mode de recouvrement ou de la pénétration, on reconnaît souvent qu'il est sorti successivement par la même fente, des granites, des porphyres, des eurites, des trapps, des trachytes, etc. Aussi n'est-il pas de chaîne, relativement ancienne, dans laquelle on ne puisse compter trois ou quatre époques d'épanchement et de mouvement.

On conçoit, d'après la manière dont la croûte minérale du globe s'est formée, qu'elle doit être très-variable dans sa densité, dans son épaisseur, et, par suite, dans sa flexibilité et dans le poids de ses diverses parties; celles-ci n'ont donc pu suivre le mouvement du noyau avec une égale facilité. Il y a eu des différences dans les vitesses d'affaissement, et nous avons dit que ces différences, jointes au plissement nécessité par l'excès d'amplitude, avaient fait naître des ruptures et des éjaculations. Mais avant de se rompre, plusieurs parties ont dû fléchir plus ou moins; et comme le retrait de la masse liquide a toujours été excessivement lent, surtout depuis la consolidation de la croûte, il a dû y avoir des affaissements locaux d'une extrême lenteur, à peine sensibles dans la durée d'un siècle, qui auront pu affecter aussi bien les montagnes que les plaines, mais qui, excédant enfin le degré de flexibilité de l'écorce, auront fait naître des fractures subites et toutes les catastrophes qui s'ensuivent.

Les révolutions ont même dû, presque toujours, être préparées et amenées par ces enfoncements insensibles. Un grand nombre de phénomènes semblent le prouver. Nous citerons entre autres le *dirt-bed* (couche de boue) qui recouvre le calcaire portlandien du sud-est de l'Angleterre. Une partie des arbres qui croissaient sur ce calcaire n'a été ni transportée, ni même renversée. Ces arbres ont été enveloppés lentement et paisiblement par le dépôt du dirt-bed. Les eaux qui ont formé ce dépôt sont venues si doucement que la terre végétale n'a pas même été enlevée. Ces eaux, à en juger par les fossiles enfouis, étaient douces ou tout au plus saumâtres, c'est-à-dire d'embouchure de fleuve; ce qui paraît montrer que l'affaissement éprouvé par ce terrain n'avait pas abaissé son niveau jusqu'à celui de la mer, mais qu'il en était seulement résulté de grandes dépressions dans lesquelles s'étaient amassées des eaux douces qui ont déposé les terrains de Weald; formation locale comme toutes celles des eaux fluviatiles.

C'est surtout la grande formation crétacée qui, en succédant paisiblement aux dépôts lacustres dont nous venons de parler, nous donne un bel exemple des grands changements apportés lentement par ses affaissements graduels : les grès verts en effet ont succédé sans trouble aux argiles wealdiennes; aucun conglomérat, aucun poudingue ne décèle un mouvement violent. Au contraire, des alternances fréquentes montrent que ce n'est que graduellement et fort à la longue que le sol s'est abaissé au-dessous du niveau de la mer. Mais sans aller puiser dans la nuit des temps, notre époque ne nous fournit-elle pas des exemples, à la vérité plus restreints, d'enfoncements du sol, dans ces *forêts sous-marines* que l'on observe sur les côtes de France et d'Angleterre, et dont la position des arbres ne laisse aucun doute sur la nature du phénomène qui les a submergées. Enfin cette manière de voir ne donne-t-elle pas une explication, plus naturelle et plus satisfaisante que toute autre, de la formation de la houille, et de la parfaite conservation des parties les plus délicates des feuilles et des fleurs, qui appartiennent aux végétaux dont elle représente les restes; végétaux qu'on y trouve quelquefois dans leur position naturelle et formant des systèmes dont les racines sont encore entrelacées : concours de circonstances qui ne peut guère avoir lieu que pour des végétaux en place.

A l'époque où nous vivons, de pareils précurseurs sembleraient se faire sentir; on pourrait citer, comme exemple, les traces de mouvement observées sur les côtes du golfe de Bothnie en Suède; mouvement qui pourrait aussi bien être attribué à un commencement de plissement qu'à celui d'un affaissement.

Il se présente naturellement ici cette question : Devons-nous regarder la surface de la terre comme destinée à subir encore de nouvelles révolutions?

Les géologues qui expliquent les bouleversements par l'action soulevante des gaz, pensent que le grand nombre des volcans qui se sont établis, sont plus que suffisants pour donner issue aux gaz qui se produisent dans l'intérieur du globe, de sorte que leur accumulation étant devenue à peu près impossible, on n'a plus à craindre les effets de leur tension.

Mais si nous rapportons les mouvements de l'écorce minérale à des affaissements sur le noyau, et si nous nous rappelons que cette écorce est très-probablement extrêmement mince, nous concevrons que le refroidissement incessant de ce noyau lui fera encore subir un retrait bien sensible, qui amènera nécessairement plus d'un plissement et d'une fracture de la croûte, d'où résulteront des chaînes de montagnes plus élevées que toutes celles qui ont surgi jusqu'à présent, et de grands changements de niveau qui, en déplaçant les mers, inonderont des parties plus ou moins grandes

des continents actuels, en émergeant des portions correspondantes du fond des bassins.

Le premier effet de chacun de ces bouleversements sera de rétrécir les mers en augmentant leur profondeur, et d'étendre les limites des continents qui n'occupent encore qu'un quart de la surface du globe.

Dans l'ordre actuel des choses, les pluies, que nous devons aux abondantes évaporations des surfaces de nos mers immenses, ne sont cependant que suffisantes à l'entretien de la vie des êtres organisés. Quand une nouvelle catastrophe viendra diminuer cette étendue des mers, l'évaporation sera moindre si la température ne s'élève pas; mais alors apparaîtront, à la suite de cette révolution, d'autres animaux et d'autres végétaux appropriés à cet état de sécheresse, car on voit que les êtres vivants ont toujours été organisés pour vivre dans les milieux qu'ils ont habités, comme si le créateur avait en lui toutes les manières possibles d'être.

Mais quel est le laps de temps qui peut encore s'écouler avant l'arrivée du premier de ces bouleversements?

L'étude géognostique de l'écorce du globe semble nous apprendre que des temps immenses, devant lesquels un siècle n'est rien, ont toujours séparé les époques géologiques, surtout depuis que cette écorce a pris une certaine consistance, et que les grands mouvements du sol sont devenus de plus en plus rares. Donc si l'on considère que le refroidissement se ralentit toujours davantage, ce qui doit reculer les époques de mouvement; que l'épaisseur de l'enveloppe s'accroît continuellement, sinon en dessus, du moins en dessous, ce qui est encore un élément de calme ; que surtout la dernière révolution paraît n'être pas relativement ancienne, on sentira que nous avons tous les éléments désirables d'un très-long repos.

Il nous semble donc que par la seule théorie des enfoncements, qui se présente si naturellement à l'esprit quand on admet la chaleur centrale, on peut se rendre compte de tous les accidents qui ont affecté et qui affecteront encore la surface du globe. Elle a l'avantage de nous présenter des phénomènes, si extraordinaires en apparence, comme de simples effets des lois du refroidissement et de la pesanteur, sans faire intervenir pour leur explication des forces soulevantes dont la grandeur a toujours le droit de nous étonner.

Nous ne prétendons cependant pas que la force élastique des gaz ne soit entrée pour rien dans l'accomplissement des révolutions de la surface du globe. La quantité de ceux qui ont été mis en liberté par l'acte de la cristallisation et de la solidification des roches, soit qu'ils n'aient fait que se dégager de leurs combinaisons, ou qu'ils aient été produits par de nouvelles actions chimiques résultant peut-être de l'augmentation de densité, a dû être probablement énorme; encore aujourd'hui, sauf ce qui s'en échappe par les soupiraux naturels, ces gaz doivent être regardés comme s'augmentant continuellement à l'intérieur et pouvant acquérir, par l'accumulation, une force capable de produire des effets aussi grands que ceux que nous avons déjà appréciés dans la première série des phénomènes; mais nous pensons que seuls ils n'auraient pas produit des accidents tels que ceux que nous observons, et que leur force n'a fait que modifier plus ou moins les effets de celle de la pesanteur, sans avoir jamais été la première cause des grands événements.

Si les gaz avaient produit seuls les chaînes de montagnes, il y aurait eu immédiatement après l'action et à son centre, de grands affaissements produits inévitablement par la chute de la matière soulevée dans les vides laissés par le départ de l'agent soulevant. Or, rien dans les formes de nos montagnes ne dénonce ces grandes rechutes de la matière, si ce n'est quelquefois dans les phénomènes purement volcaniques où en effet les gaz paraissent, comme nous le dirons, jouer un rôle plus important, tandis qu'on rencontre partout les traces des enfoncements entendus comme nous les avons décrits. D'ailleurs, dans l'hypothèse des soulèvements par la force expansive des gaz, on aurait eu plus souvent des formes arrondies dans le genre des cratères de soulèvement. Aussi regardons-nous comme produites par cette force ces formes ballonnées, telles, par exemple, que celle du soulèvement du Malpais, près du grand volcan de Jorullo, au Mexique, dont parle M. de Humboldt, qui, s'il s'était ouvert, aurait probablement pris cette forme de cratère de soulèvement.

TERRAINS PÉNÉEN ET TRIASSIQUE.

Après cet exposé des causes présumées qui ont pu produire les révolutions de la surface du globe, reprenons l'examen des circonstances qui ont fait naître ou qui ont accompagné les principales formations.

Nous avons dit, lors de la description du terrain pénéen, que les assises inférieures du grès rouge (*Rot todt liegende*) se voyaient quelquefois en stratification concordante avec les couches supérieures du terrain houiller, et renfermaient les restes des mêmes végétaux. Mais le plus souvent le premier de ces terrains ne repose sur l'autre qu'en stratification transgressive, et l'on reconnaît que presque toutes les couches antérieures au grès rouge avaient été remuées et fortement contournées avant que celui-ci se déposât.

L'aspect généralement rougeâtre de ce terrain, qui contraste avec celui de la formation carbonifère; sa texture fragmentaire, presque toujours plus friable et plus arénacée que celle du terrain houiller; sa structure bréchiforme, souvent très-grossière, composée de fragments anguleux, quelquefois fort gros, appartenant à des roches plus anciennes, et surtout l'absence de corps organiques si communs dans le dernier terrain; car les bois silicifiés trouvés dans l'argilolite pourraient bien appartenir au terrain houiller ; tout annonce une grande révolution dans le sol et une destruction presque totale de ses habitants.

Aussi M. de Beaumont place-t-il sa troisième grande révolution entre la période du terrain houiller et celle qui a vu se déposer les couches du grès rouge, à laquelle il a donné le nom de *système du nord de l'Angleterre*, parce qu'elle y a fait naître, dans le terrain carbonifère, une chaîne dirigée sensiblement du nord au sud, à laquelle il rattache plusieurs autres chaînes ou chaînons sensiblement parallèles et affectant des terrains analogues en Angleterre, en France et en Corse.

Le grès rouge étant composé de couches de grès et de poudingues ou de brèches alternant avec des couches d'argilolite, on doit croire que les courants qui les ont déposées étaient alternativement calmes et violemment agités ; ce qui suppose des secousses fortes et fréquemment réitérées pendant la durée de cette époque qui a dû commencer à la suite d'un bouleversement brusque et extrêmement violent, puisqu'on passe, sans transition, des couches relevées et rompues, aux conglomérats grossiers, à fragments anguleux. Cette époque n'a pu être longue, puisque, à l'exception du zechstein, la vie n'a pas eu le temps de s'établir sur les terrains déposés avant la grande révolution qui a donné naissance aux terrains triasiques.

Si on pouvait bien constater l'identité des grès rouges qui nous occupent, todt liegende, avec ceux qui ont été observés dans d'autres parties du monde, par exemple ceux dont parle M. de Humboldt, qui existent dans l'Amérique méridionale et dans le Mexique sur une très-grande étendue ; et si l'on considérait que l'on ne voit nulle part un aussi grand dépôt de conglomérat, malgré qu'il a dû s'en produire à toutes les époques, on aurait là une preuve de la généralité de cette révolution, généralité qui ne serait qu'une conséquence de l'extrême violence qu'on croit y reconnaître.

Cette grande révolution, en y comprenant la quatrième que M. Elie de Beaumont a appelée *Système des Pays-Bas et du sud du pays de Galles*, et qu'il suppose être arrivée entre le dépôt du *todt liégende* et celui du grès des Vosges, paraît avoir été produite par l'épanchement des porphyres, à en juger par les rapports qu'on croit reconnaître entre les coulées de ces roches plutoniques et les dépôts de grès. M. d'Omalius d'Halloy pense même que les dépôts de todt liégende, qui avoisinent des dépôts de porphyres, sont arrivés au jour en même temps que ces derniers, et sont à leur égard ce que les roches meubles et conglomérées des terrains basaltiques et trachytiques sont aux roches massives et cristallines de ces terrains (1).

La couleur généralement rouge de ces roches, et le ciment argilo-ferreux qui en lie les éléments, montrent que le fer y était très-abondant et sa manière d'être semble annoncer qu'il y est arrivé de l'intérieur du globe par les mêmes émana-

---

(1) *Éléments de Géologie*, etc., par M. J.-J. D'OMALIUS D'HALLOY, 2ᵉ édition, 1835.

tions qui favorisaient l'épanchement des porphyres.

Les êtres vivants ayant été en grande partie détruits dans la période pénéenne, on ne sera pas surpris de trouver une grande différence entre ceux du terrain houiller et ceux du terrain triasique. Ceux-ci constituent en effet une nature nouvelle, comme la liste que nous avons donnée, toute incomplète qu'elle est, peut le faire remarquer. C'est donc avec raison que M. d'Omalius d'Halloy regarde le mouvement qui a eu lieu entre la formation du terrain houiller et le dépôt du grès rouge, comme une ligne de démarcation tracée entre les terrains primordiaux, ou premiers terrains de sédiments, et les terrains secondaires.

La révolution qui, en mettant fin au dépôt des différents étages du terrain pénéen qu'elle a renversés, a fait naître le terrain triasique, est rangée la cinquième par M. de Beaumont, et paraît avoir donné naissance aux deux chaînes parallèles des Vosges et du Chevartz-Wald, dans la dépression desquelles coule le Rhin; d'où M. de Buch les a appelées *Système du Rhin*.

Nous aurons occasion de reconnaître, en décrivant les terrains des environs de Belfort, que ces deux chaînes ont éprouvé de nouveaux mouvements à des époques bien postérieures.

Il est facile de reconnaître, dans tout ce bassin du Rhin et dans les bassins adjacents, que le grès bigarré qui forme l'étage inférieur de ce dernier groupe a été déposé en stratification transgressive au pied du grès des Vosges, qui formait le rivage escarpé de la mer qui tenait les matériaux du grès bigarré en suspension. Ce même groupe offre dans le Muschelkalk le premier dépôt de roches calcaires qui soit puissant, étendu, bien stratifié et peuplé d'une grande variété d'animaux, tous aquatiques.

Le terrain triassique est riche en gypse et en sel marin. Ces substances s'y trouvent ordinairement en amas, et quelquefois en bancs. Elles paraissent avoir été apportées de l'intérieur par des sources bien plus puissantes que celles qui jaillissent aujourd'hui. Peut-être même, et surtout lorsqu'on trouve ces substances en amas, sont-elles arrivées à la surface toutes minéralisées, par une sorte de déjection. On doit attribuer la même origine à la matière calcaire du terrain conchylien et des autres masses calcaires des terrains inférieurs, puisqu'on ne peut supposer qu'elles aient été enlevées par dissolution aux terrains préexistants qui en contenaient peu et offraient une surface trop peu étendue à l'action des eaux dissolvantes.

Ce groupe renferme aussi assez abondamment des calcaires dolomitiques dans lesquels on pense généralement que la magnésie est arrivée postérieurement à leur dépôt, par des émanations qui, à cette époque où les bouleversements étaient souvent réitérés, devaient être fréquentes et abondantes.

TERRAINS JURASSIQUE ET CRÉTACÉ.

On a trouvé plusieurs fois dans le lias des squelettes entiers de sauriens. Ces animaux ont donc été tués et enfouis subitement ; car s'ils fussent morts paisiblement sur la surface où ils avaient vécu, la putréfaction, les courants d'eau ou les autres animaux qui les auraient dévorés, auraient dispersé leurs ossements. Il y a donc eu, au moins dans cette formation, des révolutions brusques ; ce qui est, comme nous l'avons dit, une conséquence de la théorie de la formation des montagnes par ruptures de la croûte du globe.

Nous savons que les calcaires jurassiques nous montrent souvent la stratification arquée, nous en avons peut-être le plus bel exemple dans les montagnes du Jura, qui nous offrent une suite d'ondulations à peu près parallèles, semblable à une série de soulèvements séparés par des vallées profondes, mais qui a cela de particulier, qu'on n'y voit nulle part la moindre trace de terrains plutoniens. M. Thurmann, à qui nous devons un excellent Mémoire sur ces terrains, a su y distinguer quatre degrés de plissement qu'il a classés en quatre ordres, sous le nom de *soulèvements* ; et à l'aide de cette classification, M. Thurmann a répandu le plus grand jour sur ces phénomènes.

Quand on remonte la série des terrains et qu'après n'avoir rencontré, dès l'origine, que des formations presque entièrement argileuses, on arrive tout-à-coup dans d'autres formations où la chaux domine presque exclusivement, telles que la grande formation connue sous le nom de calcaires oolithiques, qui comprend le lias et le terrain jurassique, on se demande, d'où a pu provenir cette énorme quantité de chaux? La même question était déjà à faire dès le premier dépôt qu'on en a rencontré, mais comme la masse de chaux était minime, on a compris qu'elle avait pu être apportée par des sources jaillissant du fond des mers. Or, si l'on veut se rappeler que les masses les plus énormes n'ont qu'une grandeur relative qui disparaît devant celle du globe, on comprendra aussi que cette immense quantité de chaux a pu être apportée à la surface par des sources plus grandes et plus nombreuses que celles que nous voyons de nos jours; et cette grande puissance de déjection est conforme à l'ordre des faits qui se passaient à une époque où un refroidissement plus rapide développait tous les phénomènes sur une plus grande échelle.

Cette manière de voir n'est plus une simple conjecture depuis que MM. Melleville et Leblanc ont observé de nombreux puits naturels dans les calcaires traversant des formations entières; plusieurs de ces puits ayant des profondeurs qui n'ont pu être déterminées, et renfermant encore des matériaux appartenant à des terrains inférieurs qu'ils paraissent avoir apportés et répandus à la surface. (Voyez *Bulletin de la Société Géologique de France*, tom. XIII, pag. 360, et tom. XIV, pag. 182.)

La texture *oolithique* qui y est si abondante qu'elle a donné son nom à toute la formation, a fixé souvent l'attention des géologues. M. Rouland considère l'oolithe miliaire comme étant composée de petites coquilles polythalamacées (cloisonnées, chambrées), de sorte que cette roche ne serait qu'une lumachelle. D'autres naturalistes la regardent comme une cristallisation imparfaite, ou une simple précipitation autour de centres divers, parce que nous avons des sources qui déposent encore tous les jours des oolithes de même apparence. Quant aux grosses oolithes, on pourrait les comparer à une sorte de poudingue.

En considérant l'ensemble de la période ammonéenne nous trouvons qu'elle diffère beaucoup de la période protozoïque, surtout par ses êtres organisés. Elle s'éloigne peut-être encore plus de la période tertiaire et de la période actuelle; car les animaux à respiration aérienne, à sang chaud, y étaient extrêmement rares, si toutefois il y en avait. Les genres dominants, comme nous l'avons déjà dit, étaient des reptiles de taille monstrueuse, de forme étrange, et des mollusques gigantesques. Nous n'avons plus rien qu'on puisse leur comparer, si ce n'est, mais de bien loin, quelques espèces vivant aujourd'hui exclusivement sous la zone torride. Mais c'est surtout dans la végétation que la différence se fait le plus sentir. D'abord les végétaux y sont incomparablement plus rares; et les phanérogames gymnospermes qui ne forment que un trois cent quatre-vingt-cinquième de la flore actuelle, composent la moitié de celle de cette époque. Mais, ce qui est le plus important pour l'histoire du globe, c'est ce fait bien constaté, que la famille des cycadées a fourni à elle seule près de la moitié des espèces observées dans le terrain ammonéen de l'Angleterre, tandis qu'elle n'entre pas pour la millième partie dans les espèces actuelles, et ne peut plus vivre que dans les pays les plus chauds. Cependant cette période renfermait déjà, sur la fin, quelques dicotilédones.

Pendant cette période les différences provenant des climats ne se faisaient donc pas sentir; ceux-ci n'étaient donc pas encore établis, ce qui vient à l'appui de la théorie de la chaleur centrale, la seule qui puisse se distribuer également sur toute la surface.

Si on parvenait une fois à bien constater, à l'aide d'un nombre suffisant d'observations faites dans les différentes parties du monde, l'égale répartition, sur toute la surface de la terre, aux différentes époques géologiques, des espèces végétales et animales, on serait porté à penser que la chaleur reçue du soleil n'était pas alors aussi grande sur notre globe qu'elle l'est aujourd'hui; car, à moins de supposer que la chaleur reçue du centre était un grand nombre de fois aussi grande que celle qui règne aujourd'hui sous l'équateur, on ne saurait concevoir que la chaleur solaire n'eût pu produire assez de différence entre les températures des zônes, pour en faire naître entre les productions des différents climats. Et alors ne pouvant supposer avec quelque probabilité que la température du soleil se soit élevée, on admettrait plus facilement que la terre s'est rapprochée de lui depuis ces temps anciens.

Une autre considération vient encore à l'appui de cette théorie ; c'est qu'à l'époque actuelle il ne se forme plus de terrain madréporique que dans la zone torride, tandis que pendant la période ammonéenne nous avons vu qu'il s'en formait abondamment dans nos zones tempérées ; il est donc très-probable que la température y était alors au moins aussi élevée qu'elle l'est aujourd'hui entre les tropiques.

Les calcaires de la période ammonéenne étant tous stratifiés, on doit admettre que leur dépôt a eu lieu sous les eaux, ce qui n'a rien de surprenant, puisqu'à ces époques la mer recouvrait encore la plus grande partie de la terre.

Si l'élément de ces roches est arrivé à l'état métallique, il a dû passer rapidement, par la décomposition de l'eau, à l'état d'oxyde qui se sera dissout ; combiné avec l'acide carbonique, qui se trouvait alors abondamment dans les eaux, parce que la grande quantité de cet acide qui existait encore dans l'atmosphère était, par la grande pression de celle-ci, forcée d'entrer en dissolution : cet oxyde aura passé à l'état de sous-carbonate qui se sera précipité, ou de bicarbonate qui sera resté en dissolution jusqu'à ce qu'une diminution de pression, une élévation de température ou quelque autre cause favorable le faisant passer à l'état de sous-carbonate, l'aura également précipité. Les carbonates, en se combinant ou se mêlant avec les autres substances tenues en dissolution ou en suspension, nous auront donné les calcaires qui nous occupent.

Mais que la chaux soit arrivée à l'état métallique ou oxydé, elle n'en aura pas moins, chaque fois, causé la mort de tous les animaux qui vivaient dans les eaux qu'elle est venue envahir.

Quant aux différences entre les divers états d'agrégation des calcaires, elles tiennent probablement à la diversité des substances accessoires, à l'état de combinaison chimique ou de simple mélange dans lesquels les éléments du minéral ont pu entrer, et à l'état de repos ou d'agitation des eaux pendant la formation de ces combinaisons ou de ces mélanges.

Comme les environs de Belfort, dont nous donnerons la description géognostique à la suite de ce précis, sont assez voisins des montagnes du Jura, que les roches calcaires y sont à peu près les mêmes que dans la contrée décrite par M. Thurmann, et que les accidents qui les ont affectés ont beaucoup de ressemblance avec quelques-uns de ceux qui se sont produits dans cette contrée, nous allons essayer de donner une idée des montagnes du Jura proprement dit. Mais nous le répétons, c'est dans l'ouvrage de M. Thurmann, et sur les lieux qui en sont l'objet, qu'il faut aller acquérir une connaissance parfaite de ce bel ordre de phénomènes.

La flexibilité des roches jurassiques, à l'époque où

les phénomènes se sont produits, leur a permis de s'arquer quelquefois sans se rompre; il s'est formé alors ce que M. Thurmann a appelé *un soulèvement du premier ordre*, présentant une *voûte* plus ou moins accidentée, composée du massif supérieur des terrains jurassiques, c'est-à-dire des groupes portlandien et corallien.

Nous appellerons avec le même auteur *flanquement*, les côtés d'un massif à stratification inclinée, reposant sur les versants d'une voûte; et nous nommerons *crêt* l'ensemble de l'arête supérieure situé entre le flanquement et l'*abrupte* du rocher qui termine un flanquement. Une *combe* est une vallée intérieure à un système de soulèvement ou de plissement.

Cela posé : quand dans l'acte du *ploiement* il y a eu *rupture*, cette rupture a pu n'affecter que le groupe corallien, qui a alors laissé voir au-dessous, entre les *lèvres* de la fracture, une voûte formée par le groupe oolithique (étage inférieur). Alors on a eu un *soulèvement du second ordre*, présentant une *voûte oolithique*, contre laquelle s'appuient deux *flanquements* terminés par des *crêts coralliens*, interceptant, avec le corps de la voûte, une *combe oxfordienne*.

Si la rupture s'étend jusque dans le groupe oolithique, le soulèvement sera du *troisième ordre* et présentera, vu la prédominance des roches meubles dans les groupes liasiques et keupériens, une combe centrale de l'un ou de l'autre de ces deux groupes, dominée par deux *crêts* ou *épaulements oolithiques* opposés, supportant eux-mêmes des *flanquements coralliens*, avec leurs *crêts* et leurs *combes oxfordiennes*.

Un *soulèvement du quatrième ordre* est semblable au précédent, seulement la rupture a été assez profonde pour laisser voir le terrain conchylien contourné en voûte plus ou moins accidentée.

Les mouvements des couches jurassiques n'ayant pas fait affleurer de formations inférieures au terrain conchylien, il n'y a pas lieu à distinguer d'autres ordres de phénomènes provenant des combinaisons de ploiements et de ruptures.

Souvent, dans un soulèvement du premier ordre, la voûte s'ouvre sur une partie de sa longueur, et le soulèvement passe au second ordre; M. Thurmann a appelé *cirque corallien* l'escarpement parabolique de cette ouverture. On a un *cirque oolithique*, si, par l'ouverture de la voûte oolithique, un soulèvement du second ordre passe au troisième.

Une *cluse* est une rupture qui traverse entièrement une chaîne ou système complet.

Si cette rupture traverse seulement un flanquement et s'arrête au corps de la voûte elle s'appelle *ruz*.

Une cluse imparfaite, c'est-à-dire qui ne traverse pas un système de part en part, mais s'arrête dans le corps du soulèvement, est une *impasse*.

Les lignes suivant lesquelles se sont formées les ondulations ou plissements n'étant pas rigoureusement parallèles, se rencontrent quelquefois. M. Thurmann a nommé le point de concours *nœud confluent*.

Ces quatre ordres sont toujours complets; on n'y voit de variations que celles apportées par le plus ou le moins de régularité dans les formes, et quelquefois par l'absence de l'une des roches meubles ou le renversement rare de quelques flanquements. Les fractures se sont toujours prolongées dans toute l'épaisseur du groupe de roches solides de chacun des étages, sans s'être jamais arrêtées à une portion quelconque de cette épaisseur; et les bords des fentes se sont toujours assez éloignés pour laisser apercevoir une partie notable de la voûte formée par les roches solides de l'étage inférieur. Ces faits tiennent sans doute, le dernier à ce que les divers étages sont séparés par des roches meubles; car lorsque dans l'acte du contournement un système de roches solides a été rompu, les deux lambeaux ont glissé sur les roches meubles qui les portaient, et les roches ont glissé elles-mêmes puisqu'elles venaient de s'incliner; le premier de ces faits tient à ce qu'une rupture a nécessairement dû commencer dans la partie supérieure de chaque contournement, là où les étirements, résultant de l'augmentation d'amplitude, étaient plus grands et augmentés par le poids des couches qui venait de s'incliner. Les premières assises rompues tendaient à glisser, entraînaient les assises inférieures par leur frottement et leur adhérence, et la fracture se prolongeait ainsi jusqu'aux couches meubles qui obéissaient au mouvement.

Il est à remarquer que les ordres les plus compliqués sont ceux qui (à l'exception du quatrième qui commencé à la *rothifluh*) ont le moins de hauteur absolue, et se trouvent généralement sur la limite nord-ouest du système.

Quelle est l'origine de cette suite d'ondulations que nous offrent les montagnes du Jura? dans quelles circonstances se sont-elles formées? La largeur moyenne de ces montagnes excède de très-peu deux kilomètres, et les vallons qui les séparent sont encore plus étroits. Le fond de ces vallons s'exhausse à mesure que l'on s'approche de la chaîne des Alpes, et la différence de niveau entre les deux extrêmes est de près de sept cents mètres. Enfin leur ensemble court à peu près parallèlement à la partie occidentale des Alpes orientales, c'est-à-dire à la partie du Jura qui en est plus voisine; et on peut observer que les montagnes de cette chaîne augmentent d'élévation, en allant du lac de Genève au lac de Bienne, et que les plus élevées sont précisément en face des Alpes les plus hautes et les plus rapprochées. C'est en effet dans cette partie du Jura que sont situés, par exemple, le Reculot, dont la hauteur est de mille sept cent-quatorze mètres; c'est la plus haute montagne de ce système. La Faucille, de mille deux cent quatre-vingt-neuf mètres; le Mont-Tendre, de mille six cent quatre-vingt-trois, et le Chasseral, de mille six cent dix-sept.

M. Studer pense que ces montagnes sont le résultat du refoulement que le sol a éprouvé lorsque les roches plutoniques qui nous ont donné les Alpes orientales ont *soulevé* et *écarté* les bords de la fente par où elles sont sorties. Nous sommes parfaitement de son avis.

M. Rozet a dit aussi, il y a deux ou trois ans, que le Jura formait une ceinture autour des Alpes et leur était subordonné.

Nous trouvons, en effet, que cette hypothèse du refoulement satisfait complètement à tous les accidents orographiques de ces chaînes. D'abord elle explique parfaitement, sans commentaire, l'ascension toujours croissante des vallons et des montagnes à mesure qu'on s'approche des Alpes.

On trouve sur la limite sud-est du système, une suite de fortes ondulations *ou de soulèvements du premier ordre*, recouverts sans interruption par l'étage corallien, qui n'y a éprouvé aucune fracture. Cependant l'étendue de cette surface ondulée excède de beaucoup celle de la surface plane qui pourrait lui servir de base, ce qui ne peut être le résultat d'un soulèvement agissant plus ou moins verticalement, qui n'aurait pu compenser l'augmentation d'amplitude que par des ruptures. Tandis qu'un refoulement provenant d'une pression latérale produit tout naturellement les effets observés, pour peu que la roche soit flexible. Or on ne saurait considérer les effets de ce refoulement comme une dépendance des soulèvements d'un ordre supérieur de l'intérieur de la chaîne, puisque ceux-ci sont restés à un niveau inférieur et n'ont pris qu'un développement évidemment incapable de produire un pareil effet. Ce refoulement ne peut donc être considéré que comme un résultat de l'apparition des Alpes.

Cette même hypothèse explique aussi pourquoi les

soulèvements des ordres supérieurs se trouvent relégués sur la limite du Jura qui est opposée aux Alpes, et ont pris moins de hauteur que ceux du premier ordre. En effet, si les montagnes du Jura avaient été produites immédiatement par un agent soulevant, les plus hautes chaînes auraient surgi au centre d'action, c'est-à-dire près du milieu, ce qui n'est pas. Et les soulèvements des ordres supérieurs, résultant probablement d'une action plus violente, auraient dû prendre une plus grande hauteur que celle des ordres inférieurs et se trouver généralement vers le centre, ce qui n'est pas arrivé non plus. Mais si nous les considérons comme provenant d'un refoulement produit par l'écartement de la fente qui a vomi les roches alpines, nous observerons d'abord que la partie des montagnes du Jura décrite par M. Thurmann se trouve en face de l'angle saillant formé par l'intersection des parties méridionales des deux chaînes des Vosges, au ballon d'Alsace; que ces chaînes préexistaient aux événements qui nous occupent, et que dès lors le sol correspondant devait aller en s'abaissant de ces chaînes vers les contrées occupées aujourd'hui par les Alpes, lesquelles contrées faisaient partie du grand océan ammonéen au milieu duquel s'élevaient les Vosges. Or actuellement le sol descend bien d'abord depuis cette dernière chaîne, mais il se relève bientôt jusqu'aux Alpes. Celles-ci lui ont donc fait subir un bien grand soulèvement, qui a dû desserrer ses diverses formations et détruire en partie leur adhérence; et ces effets ont dû être plus grands près du centre d'action que vers les extrémités du soulèvement, par exemple vers la limite du versant nord-ouest du Jura, où le sol n'a été que peu remué. Ainsi c'est vers les Alpes que les roches se sont trouvées, après la première action du soulèvement, plus propres que partout ailleurs à obéir au reculement nécessité par l'arrivée des roches plutoniques, surtout les formations supérieures ou jurassiques; c'est là que ce reculement plus facile leur a permis de former des ondulations plus libres, plus grandes, tout en faisant naître moins de fractures parce qu'il représentait précisément la diminution de base nécessitée par le contournement.

Au contraire, sur les limites extérieures les couches moins désunies, plus adhérentes, et s'appuyant contre le massif des Vosges qui se refusait à tout mouvement en arrière, étaient obligées, quoique sollicitées par une force moins grande, de se contourner brusquement sur elles-mêmes, ce qui occasionnait des ruptures plus fréquentes et plus profondes, d'où résultaient des *soulèvements d'un ordre plus élevé*, quoique l'amplitude des ondulations fût réellement moindre.

Au reste, les phénomènes de cet ordre n'ont peut-être eu lieu que dans la partie du Jura située en regard de l'angle des deux chaînes des Vosges; partie dans laquelle M. Thurmann a fait les belles coupes qui nous ont si bien montré les différents degrés de plissement. Nous n'avons pu, en effet, dans la partie du *département du Jura* que nous avons parcourue, reconnaître cet ordre de choses. Il nous a paru que dans ces cantons les contournements ne pouvaient exister que vers la partie orientale, près de la Suisse. La partie occidentale, loin de montrer des soulèvements des ordres supérieurs, n'offre que des lambeaux disloqués, plus ou moins inclinés presque généralement dans le même sens. Cette différence pourrait tenir à ce que près des Vosges l'inclinaison du sol étant en sens contraire à celle que l'épanchement des Alpes lui faisait prendre dans la partie qui forme aujourd'hui les chaînes du Jura, le reculement aura été plus difficile, aura rencontré plus de résistance que dans les parties où le sol était probablement horizontal, ou incliné au sud-ouest qui n'était pas un sens directement opposé, ce qui aura forcé les couches jurassiques à se contourner plus fortement, surtout dans la partie voisine de l'obstacle.

Enfin, un fait qui vient encore à l'appui de cette manière de voir, c'est le renversement complet de quelques *flanquements*. Il serait difficile de concevoir qu'un pareil effet pût être produit par une force soulevante appliquée immédiatement, surtout lorsqu'il n'y a eu ni épanchement, ni explosion. Ce renversement paraît être un simple effet du refoulement par une pression latérale et semble montrer que, dans le reculement, les couches qui venaient de se rompre auraient subi une pression horizontale plus forte à leur partie supérieure qu'à leur partie inférieure, ce qui aurait fait tourner ces couches sur leurs tranches et aurait causé le renversement. Ce phénomène a dû se produire, le plus souvent, sur les limites extérieures où la résistance au reculement était la plus grande. Nous en avons un bel exemple sur la route de Porrentruy à Delémont.

Il serait intéressant de rechercher si tous ces renversements sont, comme ceux que nous avons vus, dans un sens opposé aux Alpes, c'est-à-dire, si la rotation s'est toujours faite du sud-est au nord-ouest, conformément au mouvement supposé.

La suite de chaînons qui s'étend sans interruption depuis Carcassonne jusqu'aux environs de Mirecourt dans le département des Vosges, dans la direction générale du sud-sud-ouest au nord-nord-est, et qui comprend les Cévennes, le chaînon du Mézin, celui du Mont-Pélat, les montagnes du Forez et du Lyonnais, celles du Charolais, la Côte-d'Or et les monts qui s'étendent vers Mirecourt, doit son origine à une même catastrophe, appartient tout entière à un même bouleversement. Nous y réunissons les montagnes trachytiques du Mézin, non celles qui se dirigent au nord sur Yssengeaux, mais celles qui prennent à peu près la direction du nord-est par Saint-Agrève. Persuadé que les roches pyroïdes qui les recouvrent n'ont fait que s'épancher postérieurement par les crevasses de la ligne supérieure de rupture, sans modifier autrement que par leurs coulées le relief préexistant de cette partie de la chaîne, nous regardons l'ensemble comme résultant d'un enfoncement qui a eu lieu entre cette chaîne et celle des Alpes occidentales. La plus moderne des formations que ce premier enfoncement a incliné est l'étage inférieur des terrains jurassiques;

ou la grande oolithe ; ce qui est vrai surtout pour la Côte-d'Or. Dans la grande vallée formée par ce premier enfoncement se sont déposés les deux autres étages jurassiques, c'est-à-dire le corallien et le portlandien. Plus tard, un second mouvement de ce système, mouvement qui paraît dater de la première apparition des Alpes orientales, en approfondissant cette vallée a incliné de part et d'autre ces deux derniers étages, et c'est de cette époque que datent les ondulations des montagnes du Jura, et la formation de la grande vallée suisse dans laquelle s'est déposé le néocomien. Un troisième mouvement, qui a contribué au relief des deux chaînes des Alpes, a incliné à son tour le néocomien sur lequel le grès vert est venu se former, et a pénétré dans les vallées jurassiques. Peut-être que, sans interruption, se sont déposées sur ce dernier les assises du terrain crétacé inférieur que l'on remarque sur les contreforts des Alpes. Un quatrième mouvement, qui s'est fait sentir dans le sol des deux chaînes des Alpes et dans celui des environs, mais auquel cependant n'a plus participé celui des Cévennes et de la Côte-d'Or, est venu postérieurement incliner ces formations. Elles ont même été bouleversées de fond en comble au contact des roches anciennes des Alpes, ce qui prouve que ces chaînes, comme lignes supérieures de fracture, ont éprouvé, lors de cet enfoncement, de très-grandes secousses accompagnées d'exhaussements et d'épanchements. Ce mouvement a, comme les précédents, agi sur le relief et le niveau des montagnes du Jura. Au reste, ce n'est pas d'un seul jet que le terrain crétacé des Alpes a été disloqué. La molasse et le nagelfluh, qui se sont formés dans ces contrées et déposés sur les lambeaux des terrains préexistants, ont aussi été remués à leur tour, car ils reposent en stratification inclinée, et plus ou moins disloquée sur les flancs des deux chaînes. Ces chaînes ont donc éprouvé au moins un cinquième mouvement qui leur a donné, ainsi qu'au sol environnant, leur relief et leur niveau actuel.

La ligne d'enfoncement, c'est-à-dire le thalveg de la grande vallée générale comprise entre le système des Cévennes et de la Côte-d'Or d'une part, et de l'autre les montagnes du Jura et des Alpes occidentales, a dû être modifiée par ces divers mouvements, surtout par les premiers, mais elle est marquée, depuis la dernière catastrophe, par le cours de la Saône et celui du Rhône, depuis les environs de Port-sur-Saône jusqu'à la Méditerranée, par la chaîne des Cévennes et par la chaîne de la Côte-d'Or.

Nous avons présenté la chaîne du Jura comme prenant son origine à la même époque que les Alpes occidentales, ce qui ne serait pas d'accord avec l'ordre d'ancienneté indiqué par M. de Beaumont, mais nous observerons d'abord que ces deux chaînes sont sensiblement parallèles; de plus, que la méthode de détermination de l'ancienneté relative de deux chaînes de montagnes, par l'inclinaison des derniers terrains qu'elles ont soulevés, ne peut faire connaître que l'âge de celle des deux montagnes dont le dernier mouvement est le moins ancien, mais non l'ordre des premières convulsions qui les ont fait apparaître. On ne peut juger de l'ordre de ces premières convulsions que par les terrains anciens que l'on trouve en stratification discordante sur les flancs de l'une, et que l'on voit en stratification concordante sur les versants de l'autre. De sorte que si des chaînes sont arrivées à leur état actuel par suite de plusieurs enfoncements ou convulsions, nous ne pourrons présumer la contemporanéité de leur premier relief que par leur parallélisme et la concordance ou la transgression des terrains les plus anciens qui s'appuient sur leurs flancs, et juger de la date relative de leurs derniers mouvements que par l'âge des derniers terrains qui auront été inclinés. Or, d'après cette manière de juger, rien ne prouve que l'origine de ces deux chaînes ne soit pas de la même date géologique.

Le dernier mouvement de la chaîne des Vosges, qui a été au moins le quatrième, a soulevé les terrains jurassiques jusqu'au portlandien inclusivement, mais ne paraît pas avoir affecté les terrains tertiaires. Les ondulations des calcaires de cette époque semblent, dans les environs de cette chaîne, résulter des inégalités préexistantes du sol sur lequel ils se sont déposés. La chaîne des Alpes orientales a soulevé de plus la craie qui termine les terrains secondaires, la molasse et le nagelfluh, qui appartiennent aux terrains tertiaires. C'est pour cette raison que nous disons que les Vosges préexistaient aux catastrophes qui ont donné aux Alpes leur relief actuel, et surtout aux Alpes orientales, auxquelles M. de Beaumont rattache ses onzième et douzième révolutions, qui, d'après la nature des terrains qu'elles ont inclinés, appartiennent à l'époque tertiaire.

Nous avons déjà eu occasion de dire que la formation crétacée avait été très-étendue, puisque ses couches ont recouvert la plus grande partie de l'Europe et une partie de l'Asie. Maintenant il est reconnu, par la similitude des fossiles, qu'elle a aussi occupé une partie de l'Amérique septentrionale. Ce grand développement, au surplus, n'a rien qui doive nous étonner, car si aujourd'hui, comme à cette époque, il n'existait pas de climats qui apportent nécessairement des différences dans les produits chimiques et mécaniques, notre Océan déposerait des couches de même nature et des fossiles semblables, sur toute l'étendue de son fond et au pied des côtes de tous les continents actuels, car nos grands courants sont suffisants pour transporter les divers sédiments. D'ailleurs l'identité, même la similitude, ne sont pas indispensables pour établir la contemporanéité des terrains. Aussi règne-t-il entre les divers dépôts crétacés éloignés les uns des autres des différences bien sensibles.

Et si un grand enfoncement venait de nouveau changer le niveau du bassin de nos mers, ceux qui viendraient, après nous, étudier la partie du bassin actuel qui serait mise à sec, trouveraient dans cette étude une difficulté de plus, celle de faire entrer en considération les différents effets des divers climats, pour fixer les âges et déterminer la contemporanéité des terrains et des fossiles.

Les restes de végétaux terrestres sont très-rares dans la craie proprement dite, surtout dans la craie blanche, ce qui semblerait indiquer qu'il n'y avait pas de terres découvertes d'une certaine étendue, au moins dans le voisinage de la mer qui déposait cette craie; ce qui est peut-être encore prouvé par l'absence complète de mammifères, et la rareté des reptiles qui étaient si communs dans les calcaires oolithiques, qui l'ont immédiatement précédée. L'océan crayeux, pour pouvoir recouvrir la généralité du globe à cette époque, n'a pas dû être bien profond, puisqu'alors les chaînes de montagnes qui forment les grands traits qui caractérisent le relief de la surface actuelle de la terre, tels que les Pyrénées, les Alpes, l'Hymalaya, les Andes, et plusieurs autres encore n'existaient pas. Ce qui paraît confirmer ces conjectures, c'est que la plus grande partie des nombreuses espèces de mollusques que l'on a trouvées dans ces formations sont de celles qui ne vivent qu'à de petites ou tout au plus à de moyennes profondeurs.

Une grande quantité de silice a été produite en même temps que la craie; probablement en dissolution ou en gelée, mais obéissant à ses affinités, elle s'est séparée lentement du calcaire et a formé cette multitude de rognons qui caractérisent ce terrain.

Puisque toutes les nombreuses espèces fossiles du terrain crétacé sont différentes des espèces du calcaire oolithique qui l'a immédiatement précédé, nous devons en conclure qu'à cette époque une grande révolution est venue changer une grande partie de la surface de la terre. Cette révolution serait la septième de celles de M. Elie de Beaumont ; elle aurait eu lieu entre le dépôt des terrains jurassiques et celui du terrain qui nous occupe, et aurait donné naissance, 1° aux *Cévennes*; 2° au ***Mont Pélas*** dans la forêt ; 3° à la *Côte-d'Or* en Bourgogne ; 4° à l'*Erzgébirge*, etc.

ÉPOQUE TERTIAIRE.

La grande révolution qui paraît avoir amené le commencement de l'époque tertiaire, est celle que M. de Beaumont classe la neuvième et à laquelle il rapporte l'apparition de plusieurs grandes chaînes de montagnes sensiblement parallèles, dont nous ne citerons que les Pyrénées, au pied desquelles sont inclinées des couches de terrain crétacé, tandis que celles du terrain tertiaire y sont généralement horizontales.

C'est encore dans cette même période qu'est placée sa dixième révolution, à laquelle il attribue la formation des montagnes des îles de Corse et de Sardaigne, de l'Espagne, d'Auvergne, de la Haute-Loire, etc.; courant toutes du nord au sud et ne renversant que des terrains de même âge.

La onzième révolution qui a incliné l'étage moyen des terrains de cette époque, et donné aux Alpes occidentales leur relief actuel, appartenait aussi à l'époque tertiaire. Enfin M. de Beaumont y a encore placé la douzième et dernière, marquée en Europe par l'apparition des Alpes orientales et plusieurs chaînes de l'Espagne; en Asie par l'Hymalaya, et en Afrique par l'Atlas.

Ne pourrait-on pas rapporter encore à cette même

époque, mais postérieurement à toutes les révolutions précédentes, une treizième qui aurait fait naître la grande chaîne des Andes dans l'Amérique méridionale, dirigée à peu près du sud au nord, qui comprend sans interruption 65 degrés du méridien, et offre le plus grand trait du relief de la surface de la terre. Cette chaîne est devenue célèbre depuis que M. de Beaumont y a rattaché la formation de ces grands dépôts d'alluvions que l'on attribue à un dernier déluge, mais auxquels nous verrons bientôt que l'on peut attribuer une autre origine.

Encore qu'il ne soit pas démontré que chaque révolution ait mis au jour des terrains plutoniens respectivement de même espèce, nous croyons pouvoir rapporter à cette treizième révolution l'apparition des trachytes et des basaltes de la Haute-Loire, du Cantal et du Puy-de-Dôme, non à cause que presque toutes ces chaînes sont parallèles à celles des Andes, car sous le rapport du parallélisme elles ont été rattachées au système des îles de Corse et de Sardaigne; mais parce qu'elles ont, comme les Andes, apporté et épanché les terrains pyroïdes qui se sont étendus sur ceux d'eau douce supérieurs, en passant, pour venir au jour, par les fentes et crevasses de ces chaînes déjà érigées.

Cette époque a donc vu surgir toutes les montagnes qui, étant les plus récentes, devaient être, et sont en effet les plus hautes et les plus étendues. Les points culminants sont : en Europe le *Mont-Blanc*, qui forme le nœud des deux chaînes des Alpes, et qui a 4810 mètres de hauteur au-dessus du niveau de l'Océan ; en Amérique le *Névado de Sorata*, qui en a 7696 ; et en Asie le *Dawalagiri*, quatorzième pic de l'Hymalaya, qui en a 7821.

Les continents ont donc dû, pendant cette époque, prendre un plus grand développement et probablement les formes qu'ils ont aujourd'hui, si nous comprenons les Andes, puisque dès lors il ne s'est pas fait de changements sensibles de niveau dans cette période.

Les formations d'eau douce sont plus fréquentes dans les terrains tertiaires que dans ceux des époques précédentes, et sont surtout remarquables par leurs alternations avec les terrains marins, puisque ces alternations nous apprennent qu'un même lieu a été successivement recouvert par des mers et par des lacs. Elles ne peuvent être que le résultat des changements de niveau provenant des abaissements successifs du sol, et des soulèvements qui en sont les suites. La surface de la terre offrait alors plus de montagnes, de collines et d'inégalités de toute espèce, qu'à aucune autre époque ; les bassins les plus bas et les plus grands renfermaient les eaux saumâtres ou les mers, et ceux qui leur étaient supérieurs recevaient immédiatement les eaux douces des versants qui formaient leurs parois, pour les reverser dans les lacs inférieurs, ou directement dans les mers par les courants dont ils étaient l'origine. Les superpositions nombreuses des terrains nymphéens et tritoniens nous portent à penser que les mouvements du sol ont souvent changé ces niveaux relatifs; du reste on conçoit que les grands cours d'eau et les inondations ont pu, par intervalles, apporter dans la mer, aux embouchures des fleuves, des couches plus ou moins étendues, renfermant des débris terrestres et lacustres arrachés de leurs bords, et de leurs fonds; et puisque les grands lacs sont beaucoup plus rares aujourd'hui, nous devons croire que les derniers mouvements ont donné plus de généralité aux pentes.

Nous avons vu qu'il régnait une grande différence entre les êtres organisés de la période ammonéenne et ceux de l'époque actuelle, tant dans leurs formes que dans leur distribution. Nous ne remarquons plus une différence aussi grande pendant la période tertiaire. Il semble qu'à mesure que les continents approchaient de leur état actuel, les animaux qui les habitaient et les végétaux qui les décoraient se rapprochaient aussi davantage de leurs habitants d'aujourd'hui, jusqu'à ce point que l'on peut dire que sur la fin de cette période les genres, dans les deux règnes, étaient presque les mêmes, et ne différaient plus que dans les espèces. Les êtres que nous regardons comme plus parfaits devenaient toujours plus nombreux, ce dont on peut se faire une idée plus ou moins imparfaite sur la liste que nous en avons donnée.

Parmi les animaux terrestres, les mammifères deviennent prédominants, et dans cette classe nous voyons diminuer successivement les pachydermes et augmenter les carnassiers; et parmi les végétaux, les monocotylédones diminuent tandis que les dicotylédones augmentent. En même temps on trouve que les dimensions dans les individus deviennent moindres que pendant la période ammonéenne ; et si l'on veut établir une comparaison entre ces êtres et ceux actuels, on trouve encore que c'est dans la zone torride que la faune et la flore offrent le plus d'analogie, ce qui vient toujours à l'appui du système de la chaleur centrale, puisque cette analogie prouve que les hautes latitudes jouissaient alors d'une température plus élevée que celle qui y règne aujourd'hui. Et cette haute température n'a pu provenir du soleil, car alors les climats eussent été marqués, même plus qu'ils ne le sont aujourd'hui. Tandis qu'au contraire, autant qu'on en peut juger par les observations faites jusqu'à présent, l'uniformité de la distribution des êtres organiques paraît prouver que les climats n'existaient pas. De sorte que loin de pouvoir attribuer cette haute température à une plus grande influence du soleil, il semblerait qu'au contraire cet astre en aurait exercé alors une moindre qu'aujourd'hui, puisqu'à moins de supposer qu'à cette dernière des époques qui ont précédé la nôtre la chaleur était encore immense à la surface de la terre ; on a peine à concevoir que notre soleil, si ardent entre les tropiques, n'ait pas même pu, à cette époque, en ajoutant sa chaleur à celle centrale, apporter une différence sensible de température aux diverses latitudes.

On pourrait objecter contre cette non-influence du soleil à l'époque tertiaire, que l'intensité de la chaleur centrale ayant dû être moins grande à l'équateur qu'aux pôles, surtout à cette époque où elle était considérablement diminuée, il y a eu un temps où cette plus grande chaleur centrale aux pôles compensait les effets de la latitude; et ce temps a pu être d'une longue durée, vu l'extrême lenteur du refroidissement. Mais nous verrons bientôt que l'on a de fortes raisons de croire que la terre recevait alors une moindre chaleur du soleil.

Quant à la température absolue de la surface, il n'était pas nécessaire qu'elle fût aussi haute que la température actuelle de la zone torride pour que les êtres intertropicaux de notre époque pussent y vivre sous toutes les latitudes; il suffisait qu'elle fût à peu près constante, et surtout qu'elle ne s'abaissât jamais au-dessous du terme nécessaire à la végétation; conditions qui étaient remplies si la chaleur centrale agissait seule.

Du reste, il paraît qu'à la fin de la période tertiaire la température de la surface s'était considérablement abaissée, puisque l'on sait que quelques-uns des animaux de cette époque furent trouvés en parfaite conservation, enveloppés par des glaces et couverts d'une fourrure épaisse, d'une forte bourre encore plus serrée que celle dont la nature couvre aujourd'hui nos animaux à l'approche de l'hiver, pour leur aider à en supporter les rigueurs.

Nous ne citerons, comme exemple, que l'éléphant trouvé sur les bords de la Léna, et le rhinocéros des bords du Wiluji; espèces qui paraissent du reste avoir existé par milliers sur différents points de l'hémisphère boréal, à en juger par l'abondance des ossements que l'on en rencontre dans ces pays. Nous rechercherons bientôt la cause de ce grand abaissement de température.

On sent, d'après tout ce que nous avons dit, combien nous devons de connaissances aux restes organiques. Par l'étude de la superposition des terrains nous aurions bien pu reconnaître que des dépôts divers s'étaient succédés, et avaient marqué des époques, dont chacune avait peut-être duré un grand nombre de siècles; mais on n'aurait jamais su ou du moins on n'aurait jamais eu de preuves que la température a pu être la même sur toute la surface de la terre, et que le climat a pu changer sur un même point. Nous n'aurions jamais su qu'il eût existé autrefois, sur notre planète, d'autres animaux et d'autres végétaux que ceux qui l'habitent aujourd'hui. Ce sont les fossiles qui nous apprennent que la vie a existé sur la terre depuis des époques géologiquement très-anciennes; que les créations y ont succédé aux créations, en se modifiant sans cesse. Ce sont eux, surtout, qui nous ont appris que, puisque parmi tous ces débris on n'en trouve aucun qui appartienne à l'espèce humaine, l'homme est un être relativement très-nouveau sur la terre.

SUR LES CAUSES
DES
VOLCANS ET DES EAUX THERMALES.

C'est pendant le cours de cette période tertiaire que les volcans se sont établis. En considérant le peu de développement de leurs déjections comparativement aux chaînes de montagnes, ainsi que la manière dont leurs laves se sont épanchées, on est porté à leur attribuer une cause bien moins puissante que celle qui a produit ces chaînes. Il est même probable que cette cause, sauf quelques cas très-rares, n'a jamais été capable de percer la croute du globe. Aussi les volcans se sont-ils presque toujours établis dans des crevasses ou des fentes préexistantes, ou dans des lieux déjà disloqués par des secousses antérieures, tels que les lignes de faîte des chaînes de montagnes et celles à leur pied, qui lors du mouvement ont fait fonction de charnières.

Un des caractères des volcans en activité est de dégager, indépendamment des grandes colonnes de cendres et de matières *fuligineuses*, qui sont souvent lancées à des distances immenses, de grandes quantités de vapeurs d'eau et des gaz de différentes natures, tels qu'acide sulfureux, hydrogène, acide hydrosulfurique, acide carbonique, vapeurs de soufre, acide hydrochlorique, gaz azote. Ces dégagements ont lieu non-seulement pendant les éruptions, mais encore dans les temps de repos, par la bouche du cratère et aussi par toutes les fissures du cône.

Nos volcans ont des périodes de repos suivies d'éruptions, qui sont d'autant plus violentes que le repos a été plus long. Mais ce qui est bien remarquable c'est que tous les volcans en activité, observés dans les diverses parties de la terre, vomissent des roches semblables ; ce qui prouve que le phénomène a son siége à de grandes profondeurs, et jusqu'aux régions intérieures encore incandescentes. Il paraît donc être produit par la même cause qui a fait naître les chaînes de montagnes, mais agissant sur une bien plus petite échelle ; en effet, nous avons déjà dit que l'élasticité de la croûte minérale lui permet d'éprouver des inflexions dans de certaines limites, sans se rompre. Des enfoncements peu profonds pourront donc se produire sans faire naître des lignes de rupture, soit que la croûte fléchisse dans toute son épaisseur en même temps, soit que les parties moyennes ou supérieures seulement s'abaissent sur les parties inférieures. Dans l'un ou l'autre cas, il se produira au point d'enfoncement une pression nouvelle, plus ou moins grande, sur la masse liquide, qui d'après la loi d'égalité de pression, sera répercutée dans toute cette masse, laquelle pressera dès lors avec la même force tous les points de la croûte, et sans être capable de la rompre pourra, en profitant de fentes préexistantes, déterminer dans les lignes de rupture et surtout dans les plus récentes, des ouvertures par où une petite partie de la matière s'échappera. Mais étant fortement resserrée dans le canal qu'elle s'est ouvert, elle ne viendra pas simplement s'épancher à la surface, comme dans le cas des grandes ruptures qui s'établissaient déjà un instant avant que la pression commençât d'agir; au contraire, elle sera projetée avec force dans l'espace, accompagnée des gaz toujours accumulés sous ces lignes, et qu'elle aura entraînés dans son mouvement.

Les épanchements qui résultent des éruptions volcaniques, tout en offrant à l'homme étonné et souvent effrayé, un grand et magnifique spectacle, sont cependant si petits comparativement à la masse générale du globe, ou seulement aux grandes chaînes de montagnes, qu'on doit les regarder comme résultant de pressions relativement très-faibles, et dès lors des enfoncements les plus insensibles. On pourrait même expliquer d'une manière satisfaisante toutes les circonstances de ce phénomène par la seule action de l'accumulation des gaz; car si nous considérons la grande quantité de gaz produite à chaque éruption, et si nous nous rappelons celle qui résulte de l'acte du refroidissement du globe, nous serons portés à regarder ces gaz comme étant la cause déterminante de ces éruptions. En effet, nous savons que lorsqu'un liquide passe à l'état gazeux, il prend une force expansive qui dépend de sa nature et de la température à laquelle la vapeur se forme, mais qui est toujours très-considérable, et capable, par l'accumulation, de vaincre de grandes résistances. Les gaz produits dans l'intérieur du globe doivent donc faire continuellement deux efforts, l'un pour s'étendre, l'autre pour arriver, à cause de leur plus grande légèreté, à la surface extérieure. Or, à cause de l'accumulation, ces deux efforts vont toujours en croissant; il doit donc à des intervalles plus ou moins éloignés, subordonnés à mille circonstances dont on ne peut que difficilement apprécier quelques-unes, arriver un moment où ces gaz prennent le dessus en écartant et soulevant tout ce qui s'oppose à leur passage. Arrivés sous la croûte solide, où leurs efforts sont impuissants, ils glissent et voyagent sous cette croûte jusqu'à ce qu'ils rencontrent une issue n'offrant relativement que peu de résistance, ou surtout un passage déjà ouvert par d'autres gaz. Alors ils poussent devant eux les dernières roches pateuses qui, à l'embouchure du passage, s'opposent à leur ascension; et l'action est souvent si violente qu'une partie de la matière est lancée dans l'atmosphère. Or nulle part la croûte minérale n'offre autant de fentes, de cavités souterraines et de canaux que dans la ligne de faîte des chaînes; c'est pourquoi les cratères s'établissent plus particulièrement sur les montagnes, et surtout dans les plus modernes, dont les roches, appartenant à des régions plus centrales, doivent avoir conservé des communications jusqu'à une plus grande profondeur.

Après une éruption, la lave se fige dans le col du cratère, les roches formant la paroi s'écroulent en partie sur cette lave, le tout ensemble finit par former une voûte solide ; dans ce cas, à une nouvelle éruption cette voûte résistant à la poussée des gaz, on voit les flancs du cratère s'entr'ouvrir et la lave s'échapper en torrents de feu par toutes les ouvertures. D'autres fois la force des gaz, impuissante à rompre même les flancs du cratère, ne produit que des secousses dans le sol environnant, et un grand bruit souterrain qui dure quelques jours et finit par s'éteindre, sans avoir produit au-dehors d'autres résultats que le dégagement de quelques gaz. Rien ne prouve mieux que ce dernier fait combien la puissance qui produit les volcans est petite en comparaison de celle qui, à la suite des enfoncements, a fait naître les montagnes.

Quelle que soit la nature de la force qui pousse les matières ignées, celles-ci ne sortent pas toujours par une seule ouverture, par un seul cratère ; mais forcées par la grandeur de la pression de s'introduire dans toutes les ramifications des canaux, il arrive souvent que les déjections ont lieu par plusieurs bouches à la fois. Ordinairement ces bouches sont rangées sur une ligne de fractions préexistantes, tel que le faîte d'une chaîne, ou quelquefois sont groupées autour d'un cratère principal.

Lorsqu'une première fois la force des gaz a été impuissante à vaincre la résistance des laves figées ou solidifiées, ou à ouvrir le cratère ; une seconde fois, à plus forte raison, sera-t-elle, à égalité d'intensité, incapable de produire ses effets, puisque les laves, solidifiées à une plus grande profondeur dans la cheminée, apporteront une résistance plus grande encore.

De sorte que si les gaz ne reviennent pas avec une puissance beaucoup plus intense, les laves se solidifieront toujours plus bas dans la cheminée et leur interdiront ce chemin peut-être pour jamais; ce qui les forcera à prendre une autre route, et le cratère appartiendra désormais à un *volcan éteint*.

Ces considérations nous apprennent que nous ne devons peut-être pas regarder les volcans en activité comme la suite et le reste des volcans anciens, dont la majeure partie serait éteinte; car indépendamment de ce que les laves modernes contiennent plus de soude et les anciennes plus de potasse, ce qui montre une différence dans leur origine, ou dans les niveaux d'où elles sont parties, si les premiers avaient commencé avec les seconds ils devraient déjà probablement être obstrués et éteints comme eux. Sans doute qu'à mesure que les uns s'éteignent d'autres naissent; mais probablement en nombre moindre et avec une moindre intensité, parce que la quantité de gaz produite dans l'intérieur de la terre est en raison directe de la rapidité du refroidissement, ou parce que la marche du retrait de la masse liquide lui est aussi proportionnelle.

Pour expliquer la grande quantité de gaz dégagée dans les éruptions, on a eu recours à l'hypothèse que des eaux de la surface pouvaient pénétrer par des fissures du sol jusqu'aux bases métalliques non oxidées de l'intérieur, telles que le potassium, le sodium, le calcium, et que là l'eau était rapidement décomposée par ces métaux, d'où résultait une grande quantité de gaz hydrogène, dont une petite partie pouvait, dans des circonstances favorables, rester libre, mais dont la plus grande se combinait avec d'autres corps et formait divers composés gazeux, tels que les acides hydrosulfurique, hydrochlorique, etc., qui devaient d'ailleurs être mêlés à beaucoup de vapeurs d'eau; tous ces gaz, y compris l'acide carbonique apporté par l'eau, une fois engagés sous la croûte, feraient effort pour s'étendre et produiraient tous les phénomènes des volcans. Nous concevons que, sauf la grandeur des effets, des phénomènes de ce genre ont dû arriver plusieurs fois, mais nous ne pouvons y voir une cause aussi permanente et aussi générale que celle qui a produit et produit encore les éruptions volcaniques; d'ailleurs la décomposition de l'eau, et par suite la production des gaz diminueraient rapidement avec la marche de l'oxidation, et ne tarderaient pas à s'éteindre sur chaque point, ce qui ne s'accorderait pas avec certains volcans constamment en activité depuis les temps historiques. Cependant un fait qui paraît bien constaté, c'est que la presque totalité des volcans ont leurs cratères établis près de la mer, soit dans les îles, soit sur les continents; car on ne connaît que les deux volcans de l'Asie centrale qui en soient éloignés, encore savons-nous aujourd'hui que l'un des deux est près d'un grand lac. Ce fait ne peut être le produit du hasard, et l'on est naturellement porté à penser que les eaux sont pour quelque chose dans la production des volcans. Aussi M. Angelot vient-il de reconnaître la possibilité de l'introduction de l'eau de la mer, à l'état liquide, jusque dans les entrailles de la terre, et d'envisager, sous un point de vue nouveau, le rôle qu'elle peut jouer dans les phénomènes volcaniques (1). Ce géologue observe d'abord que le nombre des ouvertures, fentes, fissures ou trous qui existent à la partie exondée du sol est assez considérable, et que cette partie exondée n'étant que le quart environ de la surface du globe, on ne voit pas pourquoi il n'existerait pas de semblables ouvertures dans les trois autres quarts; puis il démontre, par des considérations positives, basées sur des théories reçues, qu'en ne supposant même que cinq myriamètres d'épaisseur à l'écorce terrestre, la pression que supporte, dans les différentes parties de sa hauteur et surtout à sa base, une colonne d'eau introduite dans une fente supposée pénétrant jusqu'à la partie liquide du globe, est bien supérieure à la force élastique que la température de la terre, à ces diverses profondeurs, peut donner à la vapeur d'eau; d'où il résulte que cette vapeur ne peut être formée, que cette colonne reste liquide dans toute sa longueur et arrive dans cet état jusqu'à la profondeur où elle rencontre la matière encore en fusion. M. Angelot en conclut que l'effet de l'énorme pression de cette colonne d'eau doit être de déprimer à sa base le niveau des matières minérales liquides, quoiqu'elles soient plus denses; d'y injecter l'eau avec une grande force, comme le ferait une pompe foulante. Que sous

(1) *Bulletin de la Société géologique*, pages 187 et suivantes, tome XIII.

cette pression puissante on peut concevoir de nouvelles dissolutions à de très-hautes températures, de l'eau, même liquide, dans les minéraux liquéfiés, et l'eau entrant comme élément dans un grand nombre de roches ignées. Que de plus, l'eau arrivant toujours, et ne pouvant remonter par l'orifice par lequel elle arrive, doit tendre à s'élever à la surface des matières liquides, et dès lors vers les cheminées des volcans terrestres, puisque la mer est logée dans les dépressions de l'écorce du globe. Qu'en s'élevant ainsi graduellement elle doit passer rapidement à l'état gazeux, dès qu'elle arrive à un point où sa force élastique est supérieure à la pression qu'elle supporte. Que ces vapeurs, se développant alors avec d'autant plus de ressort qu'elles ont été plus comprimées, doivent produire, dans la masse, de grandes agitations, de grandes fluctuations, et tous les phénomènes des éruptions volcaniques; qu'elles peuvent même produire, par accumulation dans de grandes cavités existant à l'intérieur de l'écorce du globe, l'ouverture de bouches de volcans et peut-être même la formation de cratères de soulèvement.

Cette manière de voir aurait l'avantage de bien expliquer la très-grande quantité de vapeurs d'eau lancée par les volcans lors des éruptions.

Ne pourrait-on pas considérer tous ces gaz comme produits immédiatement par la seule action du refroidissement et de la cristallisation ou solidification des roches liquides de l'intérieur? On trouverait là cette constance de cause si nécessaire à l'explication du phénomène.

On a aussi cherché à expliquer la production des eaux thermales et minérales par l'oxidation. On conçoit, en effet, que si l'eau peut pénétrer jusqu'aux bases métalliques non oxydées, sa décomposition plus ou moins abondante produira, comme nous l'avons dit, divers gaz qui seront dissouts dans la vapeur d'eau non décomposée; que cette vapeur, en retournant vers la surface extérieure, se refroidira et se condensera, ce qui formera des sources d'eau gazeuse à des températures plus ou moins élevées ou même froides, selon la longueur et les accidents du trajet; et si l'on considère qu'à cette grande profondeur la pression supportée par ces gaz, ces vapeurs, ou même l'eau liquide, doit être énorme, on concevra qu'ils doivent se combiner avec bien des substances minérales qu'ils n'auraient pu dissoudre sans cette grande pression. Mais ce mode de production ne paraît pas pouvoir satisfaire à la constance parfaite que l'on remarque, pour chaque source, tant dans le volume de l'eau produite dans un temps donné, que dans sa température; car la marche de l'oxydation variant, comme nous venons de le dire, la production de la vapeur et des gaz, et, par suite, l'abondance et la température de la source varieraient aussi.

Il nous semble donc que l'on satisfait plus facilement et plus complètement à toutes les conditions du problème, en donnant une origine volcanique aux eaux minérales, qu'elles soient thermales ou froides; la température à l'air ne dépendant que de circonstances particulières au trajet. D'ailleurs la présence constante de ces sources dans les terrains fracturés ou dans les montagnes semble montrer leur intime connexion avec les phénomènes plutoniques.

Pourquoi les phénomènes volcaniques paraissent-ils n'avoir commencé à se produire que pendant la période tertiaire ? Si nous regardions la force élastique des gaz comme ayant seule causé les révolutions de la surface du globe, nous dirions que dans les temps géologiques anciens, le refroidissement étant plus rapide, les gaz étaient produits plus abondamment et à une plus haute température, et trouvaient dans la croûte une résistance bien moins difficile à vaincre, puisque cette croûte était moins épaisse et moins solide; ils pouvaient donc surmonter cet obstacle et produire des soulèvements. Mais à l'époque tertiaire, le refroidissement s'étant ralenti, les gaz ont été produits avec moins d'abondance et à une température plus basse, et on trouve en même temps dans la croûte, devenue plus épaisse et plus solide, une résistance insurmontable. Ils n'ont donc plus eu, pour s'échapper, que des fissures préexistantes. Mais en considérant les gaz comme n'ayant jamais agi que d'une manière subordonnée, nous pourrions dire que dans les temps anciens, ces gaz ne rencontraient dans les lignes fraîchement fracturées qu'une faible résistance qu'ils surmontaient sans efforts, et trouvant à s'échapper par mille issues faciles, ne laissaient de leurs passages aucune trace de nature à être reconnue aujourd'hui. Plus tard, la résistance s'étant accrue, et les fissures traversant toute l'enveloppe épaissie étant devenues beaucoup plus rares, les gaz n'ont plus eu, pour s'élever jusqu'à la surface, que quelques canaux en partie obstrués, qu'ils ne peuvent parcourir qu'après que, par l'accumulation, ils ont acquis une force suffisante ; mais alors, les substances minérales en fusion ne sont plus comme aux époques antérieures, épanchées mollement, elles sont lancées en partie par l'embouchure du canal comme par celle d'un canon, et, retombant sur elles-mêmes, elles forment ce cône que nous avons appelé *cratère*, et dont l'axe, servant de passage aux gaz, reste toujours vide.

Mais en rapportant le phénomène au mode unique et naturel d'action des enfoncements, nous observerons qu'aux époques géologiques anciennes, les moindres pressions provenant d'enfoncements étaient capables de rompre l'enveloppe plus faible ou d'ouvrir sans efforts, bien grands et sur une étendue plus ou moins considérable, les lignes de fractures par lesquelles s'épanche librement, et dès lors sans projection, la partie de la matière qui se trouvait correspondre à l'ouverture. Mais à l'époque tertiaire, où après le grand travail de la nature, qui a doté la terre des grandes chaînes des Alpes, de l'Himalaya et des Andes, a succédé le calme qui a duré depuis lors, les enfoncements très-partiels, mais fréquents, qui ne sont que les derniers soupirs de ces grandes catastrophes, ou les précurseurs de celles qui doivent suivre, n'ont plus produit que des pressions capables seulement de déboucher des cheminées mal encombrées par lesquelles la matière a été lancée avec violence, et comme nous l'avons dit, en retombant en partie sur elle-même a formé les premiers cratères.

M. Angelot explique pourquoi les volcans ne paraissent dater que d'époques relativement peu anciennes, en observant qu'avant ces époques l'écorce solide du globe n'avait pas encore acquis une épaisseur suffisante pour que la hauteur d'une colonne d'eau la traversant entièrement, fît naître dans cette colonne une pression capable de la tenir à l'état liquide jusqu'à sa base. Nous ajouterons que l'abaissement de température correspondant a favorisé encore cette existence à l'état liquide. Le même géologue explique aussi par cette arrivée des eaux de la mer à l'état liquide dans les roches liquéfiées de l'intérieur, l'abondance des scories à grandes vacuoles dans les roches volcaniques, leur absence dans les roches anciennes et le commencement de l'apparition de petites vacuoles dans les curites et les porphyres moins anciens que ces dernières, en les attribuant au départ de la grande quantité de vapeur d'eau dont elles doivent être imprégnées; départ occasionné par l'extrême diminution de pression en arrivant à la surface, qui permettait aux molécules de vapeurs disséminées dans ces roches encore molles, de s'étendre avant de pouvoir s'échapper (1).

Les mers couvrant encore les trois quarts de la surface de la terre, les bouches des volcans ont dû souvent s'ouvrir sous les eaux. On connaît, en effet, un bon nombre de volcans *sous-marins;* mais par l'accumulation des matières qui forment le cône, et par les coulées de laves ils finissent, le plus souvent, par s'é-

---

(1) *Bulletin de la Société géologique,* tome XIV, page 46.

merger, et même former de petites îles, qui sont sujettes à de fréquentes et terribles secousses.

Ainsi ce qui caractérise nos volcans, et produit les cratères, est la projection de la matière dans l'espace. Nous devons les regarder comme bien modernes, puisqu'il ne s'en est encore point formé lors de l'épanchement des terrains basaltiques, qui a pourtant eu lieu pendant la seconde moitié de la période tertiaire.

SUR LES CAUSES
DES
TREMBLEMENTS DE TERRE.

Un autre genre de phénomènes paraît avoir les plus grands rapports, la plus grande connexion avec les volcans ; ce sont *les tremblements de terre*.

Ils paraissent être produits par les petits affaissements de quelques parties de l'épaisseur de la croûte, affaissements qui ne peuvent se faire sans des secousses ou des chocs que l'élasticité de l'enveloppe propage quelquefois, sous forme d'ondulations, jusqu'à des distances immenses. En effet, presque tous les tremblements de terre bien observés ont montré des changements de niveau dans le sol qui l'avait éprouvé.

Ces phénomènes sont accompagnés de grands bruits souterrains, qui ressemblent le plus ordinairement à celui d'un grand char roulant rapidement sur le pavé, ou à celui d'une forte décharge d'artillerie. Ces bruits ne pourraient-ils pas avoir pour cause les ruptures des roches inférieures qui s'enfoncent, et dont les lambeaux tombent, peut-être avec fracas, dans d'immenses cavités ?

On a remarqué que les tremblements de terre étaient presque toujours suivis d'éruptions, soit par des cratères anciens, soit, mais très-rarement, par de nouveaux qui apparaissaient pendant les phénomènes; ce qui vient à l'appui de la cause que nous leur assignerons. Quelquefois cependant des secousses, même considérables, se sont fait sentir sans que l'on eût eu connaissance d'aucune éruption à la même époque; mais cette circonstance n'infirme point notre manière de voir, car, d'après la loi d'égalité de pression, celle qui est exercée en un point quelconque de la masse liquide peut déterminer en un autre point très-éloigné et même diamétralement opposé, mais qui serait de moindre résistance, une éruption qui ne pourrait être connue du premier; et réciproquement, un volcan peut faire éruption en une contrée, parce qu'un tremblement causé par un affaissement aura eu lieu en une autre peut-être aussi diamétralement opposée.

Au reste, si l'on considère que la partie inférieure de la croûte éprouve continuellement un affaissement lent et insensible, et une condensation ou un retrait de refroidissement plus grand que celui de la partie moyenne, on concevra qu'il doit se former dans l'épaisseur de cette croûte des séparations qui se transforment, avec le temps, en cavités qui peuvent devenir très-grandes, et faire naître plus tard, dans les parties moyennes, des lignes de ruptures et des éboulements qui, en changeant les conditions d'équilibre, peuvent produire à la surface des secousses et des enfoncements, c'est-à-dire de véritables tremblements de terre, sans qu'il en résulte de nouvelles pressions sur le noyau, et dès lors sans éruptions volcaniques.

On peut aussi rapporter ces phénomènes aux efforts que font les gaz pour s'élever. Dans leurs mouvements ils déplacent les masses liquides ou pâteuses qui les environnent, celles-ci repoussent à leur tour celles qui les avoisinent, et ainsi de proche en proche, le mouvement se propage jusqu'à la croûte solide qui, étant heurtée plus ou moins violemment, s'ébranle, et à cause de sa faible épaisseur relative oscille plus ou moins longtemps.

Si les gaz, arrivés près de la surface, s'y arrêtent et y stationnent, la secousse ne se fera sentir que sur un certain nombre de myriamètres carrés, comme il arrive quelquefois; mais si, au contraire, ils circulent jusqu'à la première ouverture qui leur permettra de se dégager, renversant et chassant devant eux tout ce qui s'oppose à leur passage, ils feront naître à la surface un mouvement oscillatoire, dans la direction de leur trajet, qui pourra s'étendre indéfiniment, comme il est arrivé, par exemple, pour le fameux tremblement de terre de 1755 qui, après avoir renversé Lisbonne, s'est fait sentir jusque dans les Indes occidentales.

Ce qui est à l'appui de l'hypothèse de la production des tremblements de terre par les enfoncements, c'est que l'on a vu naître quelquefois, à la surface du sol, dans leur direction et pendant leur action, des protubérances plus ou moins considérables, et même de véritables montagnes. Ne pourrait-on pas les considérer comme un effet de la matière sollicitée par la pression, et dont une portion, ayant pu soulever une partie plus faible du sol, aurait été soutenue dès lors dans cette cavité, par la seule condition d'équilibre de la masse fluide? car des protubérances produites par l'action passagère des gaz n'auraient pu avoir de stabilité.

Peut-être aussi les vapeurs provenant de l'eau de la mer injectée dans l'intérieur, comme l'a dit M. Angelot, peuvent-elles, par leur accumulation sur certains points d'abord, puis leur passage rapide sous quelques parties plus faibles de la surface, produire aussi des tremblements de terre.

On a remarqué que les tremblements de terre affectaient presque toujours les mêmes contrées. Ce fait doit résulter de ce que les matières liquides mises en mouvement doivent approcher plus facilement et plus près de la surface dans les régions nouvellement remuées, que dans celles qui sont en repos depuis longtemps. Aussi, les lieux qui éprouvent les secousses les plus fréquentes et les plus violentes sont-ils ceux qui avoisinent, plus ou moins, les volcans ou les chaînes de montagnes qui les portent. On conçoit qu'en effet, dans ces contrées, les roches ou les gaz doivent trouver des boyaux encore tout formés et peu obstrués, qui leur fournissent les moyens de s'approcher rapidement des bouches volcaniques, et dès lors de la surface de la terre.

SUR LE

MÉTAMORPHISME DES TERRAINS DE SÉDIMENT

AU CONTACT DES ROCHES PLUTONIQUES.

Nous avons dit que l'on trouve des dépôts de calcaire massif dans le leptinite, le gneiss, le micaschiste; que ce même calcaire se retrouve encore en filon dans les eurites, le trapp et quelques autres roches ignées; que pour ces raisons, et à cause de l'absence complète de restes organiques, on l'avait regardé comme primitif, c'est-à-dire comme devant être classé dans les roches plutoniennes. Nous savons que sa texture est grenue, saccharoïde, cristalline; enfin, qu'il se trouve presque toujours combiné ou allié de diverses manières à de la magnésie, du talc, du mica, de la chlorite, de l'amphibole, et appartient aux diverses espèces de marbre. Enfin, le plus grand nombre des roches plutoniennes, le granite surtout, avaient jusqu'à ces derniers temps, été regardées comme primitives, c'est-à-dire comme ayant été formées à peu près d'un seul jet dès les premières époques géologiques. Or, on avait remarqué que des calcaires cristallins et massifs, comme ceux du terrain gneissique, se rencontraient d'une part au contact des terrains plutoniens, et d'une autre au-dessous de terrains de sédiments de différents âges. On avait donc cru devoir en conclure que ces calcaires étaient aussi primitifs. Tous leurs caractères, et surtout leur gisement immédiat sur les terrains granitiques, semblaient leur assigner cet âge dans l'échelle des terrains. Personne ne doutait que les marbres de Carare, par exemple, ne fussent primitifs.

Plus tard, cependant, on observa que la cristallinité et les autres propriétés ignées de ces calcaires diminuaient à mesure qu'on s'éloignait des roches plutoniennes qui semblaient les porter, et étaient graduellement remplacées par la compacité, la stratification et la couleur ordinaire aux calcaires sédimentaires. On remarqua, en outre, que toutes ces roches qui passaient insensiblement de la cristallinité à l'état sédimentaire étaient toujours au contact des roches plutoniennes, et surtout dans les endroits où elles paraissaient avoir été le plus disloquées par ces dernières. Enfin, on y découvrit des restes non équivoques de corps organiques. Il en fut de même des dolomies cristallines, qui, occupant des positions semblables, avaient aussi été regardées comme primitives.

Dès lors on pensa que toutes ces roches calcaires étaient d'origine neptunienne, et il ne resta plus qu'à rechercher la cause de la métamorphose qu'elles avaient éprouvée. On l'attribua, tout naturellement, aux roches ignées qui se sont introduites au milieu d'elles. La haute température de ces masses qui, à l'état pâteux et peut-être liquide, ont soulevé ces calcaires pour arriver au jour, a pu, en effet, en les ramollissant et les amenant à une température approchant de celle à laquelle ils se seraient trouvés s'ils fussent arrivés avec ces roches, déterminer entre leurs molécules un mouvement, et peut-être des courants électriques, qui auront changé leur texture compacte en texture grenue ou saccharoïde. On sait que les calcaires qui servent à la maçonnerie des fourneaux de fonderies, et éprouvent longtemps l'action de la chaleur de ces fourneaux, perdent leur compacité et deviennent plus ou moins grenus et même cristallins.

La blancheur de ces roches, plus parfaite que celle des calcaires auxquels elles passent en s'éloignant des terrains plutoniens, s'explique encore facilement par la grande chaleur qui a volatilisé les parties bitumineuses qui les souillaient, ou qui, en chassant l'oxygène et l'hydrogène de ce bitume, et provoquant un autre arrangement entre les atomes du carbone restant, l'a changé quelquefois en graphite, dont on trouve des plaquettes dans ces calcaires cristallins. Nous avons un exemple de phénomène analogue dans nos hauts-fourneaux, où il se forme journellement des quantités plus ou moins notables de ce minerai. La blancheur que prennent les calcaires dans nos chaux-fours en devenant chaux grasse, surtout lorsqu'elle est fusée, peut, tout inférieure qu'est la température de ces fours, donner une idée des changements, sous le rapport de la couleur, qui ont dû survenir dans les terrains de sédiment, lorsqu'ils ont été ramollis par les feux plutoniques. De plus, on sait que les volcans vomissent continuellement, mais surtout dans les éruptions, des quantités considérables de gaz acide sulfureux, sulphydriques, etc., tous très-propres à décolorer les terrains qu'ils traversent; donc les mêmes gaz, qui indubitablement accompagnent les roches d'épanchement, doivent avoir produit le même effet sur les terrains qui nous occupent. Nos chaux ne sont pas cristallines, parce que la température par laquelle on les prépare n'est ni assez haute ni assez prolongée, et que surtout l'action de la chaleur ne rencontre pas la résistance d'une grande pression.

Tous les calcaires neptuniens sont stratifiés; ceux qui nous occupent se présentent en masses souvent très-épaisses et sans traces sensibles de stratification. Cette disparition des joints des couches peut être attribuée à la pression des couches supérieures sur les couches inférieures; pression qui aura opéré comme une soudure entre tous les bancs au moment où ils auront été ramollis par la grande chaleur que leur ont fait subir les roches plutoniques. Et l'on doit remarquer que la dilatation des calcaires, occasionnée par cette même chaleur, en poussant la matière dans toutes les inégalités des joints, a été très-propre à faire disparaître ces derniers, devenus déjà moins apparents par l'uniformité de teinte que venaient d'acquérir les différents bancs.

Il a été objecté que la haute température que l'on suppose avoir agi sur les terrains sédimentaires qui se sont trouvés au contact des roches ignées lors de leurs apparitions, aurait dû expulser tout l'acide carbonique des marbres, ce qui n'est pas arrivé. On a répondu qu'une haute pression suffit pour que la chaleur ne puisse décomposer les carbonates calciques. Hall a reconnu qu'une pression égale au poids d'une colonne d'eau de cinq cent cinquante mètres suffit pour produire cet effet, et il est parvenu, par la seule action d'une grande chaleur aidée d'une forte pression, à changer de la craie pulvérulente en calcaire cristallin. Nous concevons, d'après cela, pourquoi les couches inférieures, chargées du poids des couches supérieures, sont restées à l'état de carbonate.

Jusqu'à présent nous n'avons parlé que des modifications apportées par la chaleur plutonique dans la blancheur, la structure et la stratification des calcaires. Mais l'arrivée des roches ignées y a encore introduit des principes nouveaux, en en chassant quelquefois d'autres. C'est ainsi que ces calcaires ont été souvent changés en dolomies cristallines, par l'addition d'une quantité plus ou moins forte de magnésie. Près des roches plutoniennes la proportion de magnésie excède quelquefois celle qui existe dans la véritable dolomie; en s'éloignant plus ou moins, mais souvent de quelques mètres seulement, cette proportion diminue rapidement, bientôt on n'a plus qu'un *calcaire magnésien*, et enfin la magnésie disparaît complètement.

Les fossiles, comme nous le savons, sont extrêmement rares dans cette dolomie, mais ceux qu'on y a trouvés avaient conservé leurs formes extérieures; ce qui prouve que la roche n'a pas été fondue lors de la dolomitisation, mais seulement ramollie. Si donc l'on considère que les calcaires contiennent généralement une certaine proportion d'argile, et que l'on se rappelle qu'un composé de plusieurs substances alcalines ou terreuses se fond bien plus facilement qu'un seul sel, on concevra que ces calcaires composés mis encore en contact avec la magnésie n'auront pas demandé, pour se ramollir, une aussi haute température qu'il semblerait d'abord. Ce ramollissement, en facilitant l'introduction des vapeurs magnésiennes dans l'intérieur des calcaires, aura singulièrement favorisé la formation du carbonate double de chaux et de magnésie, c'est-à-dire l'accomplissement de ce mode d'action par émanation, qu'on a appelé *cémentation*.

Les marbres connus sous les noms de *cipolin*, d'*ophicalce*, etc., ne sont autre chose que des calcaires sédimentaires, dont la texture et la couleur ont été changées par l'action de la chaleur, et auxquels se sont ajoutés, par *cémentation*, du talc, du mica, de la chlorite, etc. Aussi y trouve-t-on des minéraux cristallisés appartenant aux principes constituants des roches ignées voisines, ou à des combinaisons de ces principes avec ceux des calcaires.

Mais une des métamorphoses les plus remarquables des carbonates calciques est leur transformation en gypse ou sulfate calcique, par l'action de vapeurs sulfureuses arrivées de l'intérieur. Cette épigénie se remarque aussi au contact des roches ignées, et s'étend quelquefois fort loin. Ces gypses sont grenus ou cristallins, généralement blancs, quelquefois rosâtres, ordinairement anhydres, ou hydratés seulement dans les parties qui sont au contact de l'atmosphère ou au voisinage des fissures qui peuvent donner accès à l'eau. Souvent la stratification et les autres caractères extérieurs de la roche qui a subi le métamorphisme sont moins effacés que dans le changement du calcaire grossier en marbre.

Dans l'intérieur de toutes ces masses épigéniques on rencontre des parties ou comme des espèces de veines, qui n'ont pas éprouvé l'action métamorphique, ou ne l'ont subie qu'à un moindre degré. On conçoit, en effet, que la chaleur, et surtout les vapeurs acides, n'ont pu agir avec la même intensité sur les parties immédiatement exposées à leur action et sur celles qu'elles ne pouvaient atteindre que par une longue transmission moléculaire. Cette manière d'être est donc une preuve de l'origine métamorphique de ces roches.

Si nous regardons les gypses et les dolomies cristallins que l'on trouve au contact des roches plutoniennes, comme des produits métamorphiques, nous reconnaissons en même temps que ces espèces minérales existent aussi à l'état de précipité chimique, ou dépôt sédimentaire, dans plusieurs terrains; tels sont, par exemple, les calcaires dolomiques bien stratifiés et à cassure terreuse que l'on trouve dans le terrain keupérique, et les gypses fibreux ou subcompactes, plus ou moins souillés d'argile et de marne, que l'on rencontre dans le même terrain et dans un grand nombre d'autres tant marins que lacustres, quelquefois en bancs bien puissants. Cependant, peut-être quelques-uns de ces dépôts gypseux peuvent-ils être considérés comme provenant de carbonates calcaires tenus originairement en suspension dans des eaux dans lesquelles seraient survenues des vapeurs ou des sources sulfureuses, qui auraient transformé ces carbonates en sulfate; ce qui serait encore une sorte d'épigénie.

Les calcaires ne sont pas les seuls qui aient été modifiés par l'envahissement des roches plutoniennes; les schistes argileux, les argiles meubles, les sables, les grès, en un mot tous les dépôts sédimentaires ont aussi subi leur action. Selon la nature de la roche modifiante, les schistes argileux ont été changés en schistes micans ou micaschistes, en schistes talqueux ou talschistes, en schistes chloriteux, emphiboleux, etc., et l'on voit ces schistes métamorphiques passer insensiblement de l'état cristallin et de la structure feuilletée parfaite, à la texture terreuse et à la structure grossière des schistes argileux sédimentaires, à mesure qu'ils s'éloignent davantage de la roche modifiante. On y trouve aussi, surtout près des roches ignées, des cristaux disséminés de minéraux toujours en rapport de composition avec ces roches.

Les sables et les grès ont été métamorphosés en *quarzite* qui forment des couches ou des bancs intercallés aux roches métamorphiques, comme les grès le sont aux couches schisteuses.

Les épigénies dont nous venons de nous occuper ne se rapportent qu'à celles qu'ont éprouvé les dépôts neptuniens relevés par les roches plutoniennes qui sont venues au jour sous les formes de filons, de dick, de culot ou même d'épanchement, et qui ont agi jusque sur les dépôts modernes; mais si les granits, les eurites, les porphyres, les serpentines, etc., dans le temps comparativement très-court que ces roches ont employé à percer les terrains stratifiés et avec la température plus basse à laquelle elles sont arrivées à la surface, ont pu produire des effets aussi marqués et des changements aussi profonds, combien doit être plus grande et plus intense l'action des roches ignées qui, à un état de liquidité peut-être parfaite, ont agi dès les premiers temps géologiques et agissent encore chaque jour sur les terrains stratifiés inférieurs. Aussi le plus grand nombre des géologues s'accordent-ils maintenant à regarder comme *métamorphiques* tout le groupe que nous avons désigné sous le nom de *terrain gneissique*. Il est même probable que, dans les grandes profondeurs de l'écorce de la terre, sous le poids immense de la somme des terrains stratifiés, ce métamorphisme se continue chaque jour, et que la haute température à laquelle les plus profonds sont soumis, change lentement leur tissu compacte et grossier en structure cristalline, en même temps que la cémentation leur assimile de nouveaux éléments; il est probable aussi que, pendant que de nouvelles couches de sédiment se déposent à la surface supérieure, de nouvelles roches plutoniennes se forment sous les couches inférieures où elles sont sujettes à être, d'époques en époques, ramolies et même refondues, à être augmentées de nouvelles substances qui viennent modifier leur cristallisation confuse, et enfin à être sollicitées par des actions qui tendent constamment à en amener quelques parties au jour. Considérées sous ce point de vue, toutes les classes de roches peuvent être regardées comme se formant continuellement et simultanément.

La chaux n'est qu'une espèce minérale parmi les autres, elle est en faible proportion dans les roches plutoniennes et pyroïdes, et n'est pas connue dans les terrains métamorphiques hypogènes. D'où vient donc qu'elle est si abondante dans les terrains de sédiment plus modernes, qui pourtant ne sont formés que des débris des anciens ? Si l'on considère le grand nombre de sources qui jaillissent de tous les terrains anciens, même de ceux granitiques, et dont les eaux tant froides que thermales, sont chargées de carbonate calcique, on concevra qu'avec la consommation des siècles, la quantité de calcaire apportée ainsi à la surface peut devenir immense, et que cette accumulation se faisant tout entière au détriment de la chaux des terrains anciens dans les profondeurs desquels descendent les eaux thermales, pourrait suffire seule pour expliquer le développement toujours croissant des calcaires dans les terrains plus modernes, vu surtout que ces eaux n'apportent pas des quantités notables d'autres minéraux qui tendraient à entretenir les anciens rapports de composition, car ce qu'elles apportent de silice ou de silicate est bien loin d'être suffisant. Mais de plus il paraît que la chaleur, et peut-être les courants galvaniques qu'elle fait naître, tendent aussi directement, par la sublimation, à l'expulsion de la chaux des terrains inférieurs au profit des couches supérieures ; car il est bien reconnu aujourd'hui que la chaux si réfractaire pour nous est volatilisée dans les phénomènes ignés naturels. Les cristaux de carbonate calcique, formés par sublimation, ont été plusieurs fois observés dans les filons métallifères et les fissures des roches. Ce phénomène d'ailleurs n'a rien maintenant de surprenant, puisque nous savons que la nature a volatilisé, dans les grandes opérations, les minéraux qui nous paraissaient les moins susceptibles de l'être, tels que le fer carbonaté dans les filons, les belles lames spéculaires de fer oligiste dans les trachytes et dans les laves, les concrétions siliceuses dont sont tapissées les parois des cavernes volcaniques, etc. Mais cette action, en sublimant toutes les espèces minérales, tendrait, si elle était assez active ou assez continue, à maintenir dans les couches supérieures les mêmes rapports de composition que dans celles inférieures. Ce n'est donc pas principalement à elle qu'on doit attribuer le transport de la chaux, c'est surtout aux eaux qui parcourent l'intérieur de la croûte solide jusqu'à de grandes profondeurs qu'on est redevable de la surabondance des calcaires dans les couches modernes, vérité qui sera mieux sentie si l'on veut se représenter qu'à certaines époques géologiques, voisines des grandes catastrophes qui changeaient successivement les niveaux des diverses parties de la surface de la terre, les sources étaient beaucoup plus nombreuses et beaucoup plus abondantes qu'elles ne le sont maintenant, et que les mers étant plus étendues recevaient directement de ces sources la presque totalité des sels qu'elles apportaient et médiatement le reste par les rivières, et les étendaient sur leur fond par leurs agitations et leurs courants dans tous les sens.

On comprendra, d'après ce que nous venons d'exposer, pourquoi les restes organiques paraissent avoir entièrement disparu des terrains métamorphiques hypogènes (si jamais des êtres vivants les ont habités), et pourquoi ils sont si rares dans les terrains épigéniques provenant des terrains modifiés seulement dans leurs parties voisines des éruptions; car il est évident que ces restes ont dû être détruits par le transport des molécules calciques, et même plus promptement que les calcaires qui les renfermaient, si on en juge par ceux de ces fossiles qui n'ont laissé que leurs moules intérieurs ou extérieurs dans ces calcaires ou qui ont été remplacés atôme pour atôme par des molécules siliceuses, comme M. Fargeaud nous l'a appris dans les belles recherches qu'il a faites sur ce sujet.

Nous avons dit, en décrivant le terrain gnessique, que les feuilles des schistes n'étaient pas toujours parallèles aux joints de stratification; qu'au contraire, assez souvent, ils leur étaient fortement inclinés. Il paraît que l'on doit encore attribuer ce fait aux agents naturels dont l'action a été provoquée par la grande chaleur que ces schistes ont éprouvée postérieurement à leur dépôt. Car s'il en est résulté pour ces roches un ramollissement suffisant pour rendre quelque liberté aux molécules, il sera arrivé, toutes les fois que la masse aura été à peu près homogène, que ces molécules, en tournant sur leur centre, se seront déposées suivant les lois des attractions polaires, c'est-à-dire de la cristallisation, ce qui aura fait naître les plans du clivage qu'on a nommé *clivage schisteux*. Or, la situation de ces plans, qui devaient leur formation à la chaleur, a dû, chaque fois, dépendre de la direction suivant laquelle arrivait cette chaleur, et de celle suivant laquelle elle se dissipait, c'est-à-dire de forces complètement étrangères à celles de la pesanteur et des courants d'eau, les seules qui antérieurement avaient concouru à la formation des strates; voilà pourquoi le sens du clivage schisteux est si souvent différent de celui des joints. Ce phénomène nous paraît donc être une preuve de plus de la métamorphose qu'ont éprouvée ces roches.

DES VALLÉES.

On est dans l'usage de rapporter au niveau de la mer les inégalités que présente la surface de la terre, tant en relief qu'en creux, c'est-à-dire tant au-dessus qu'au-dessous de ce niveau.

On regarde aujourd'hui le Dawalagiry, dans les monts Himalaya, au Thibet, dont la hauteur au-dessus de la mer est de sept mille huit cent vingt-un mètres, comme étant le point le plus élevé. D'après les nombreux sondages qui ont été faits jusqu'à présent, il paraît que les plus grandes profondeurs de la mer n'excèdent pas la moitié des plus grandes hauteurs, ce qui donnerait, pour le maximum des inégalités de la surface de la terre, douze mille mètres, ou la cinq cent-quarantième partie du rayon du globe. Ainsi ces inégalités, même évaluées de cette manière, ne sont pas sur la surface de notre planète ce que sont sur une orange les aspérités de son écorce.

Parmi les inégalités en relief de la surface du globe, nous avons appelé *montagnes* celles qui sont le plus élevées. On nomme *collines* et *éminences* celles, plus communes, qui sont le moin élevées.

Quand on considère les directions générales des grandes chaînes de montagnes, on trouve qu'elles sont à peu près les mêmes que celles des terres. Ce fait est dû évidemment à ce que les terres ne sont que les parties émergées des pentes de ces montagnes, ou de véritables montagnes dont le pied est sous les eaux, et sur les plateaux desquelles les grandes chaînes paraissent s'élever.

Nous nous sommes servi du mot *faîte* comme désignant la ligne idéale qui passerait par tous les points culminants d'une chaîne de montagnes; les pentes, de part et d'autre de cette ligne, portent le nom de *versants*, parce qu'on les regarde comme conduisant ou versant les eaux dans les lieux bas. Les flancs des collines et des éminences portent le nom de *côtes* ou de *coteaux*.

On nomme *bassin hydrographique* l'ensemble des terres qui versent leurs eaux dans une même rivière ou un même fleuve, et l'on nomme *arêtes* ou *lignes de partage* les lignes qui séparent les bassins hydrographiques entre eux. Il ne faut pas confondre ces lignes de partage avec les lignes *anticlinales* : les premières n'ont aucun rapport avec la structure géognostique des bassins qu'elles séparent; les secondes, au contraire, passent par tous les points à partir desquels, dans une même montagne, les couches plongent en sens contraires. Enfin on nomme ligne *synclinale* celle suivant laquelle des couches qui plongent l'une vers l'autre, de deux côtés opposés, viennent se réunir.

Dans une chaîne de montagnes, on appelle *chaînons* des élévations ou montagnes particulières, dont les directions sont plus ou moins parallèles à la direction générale de la chaîne; on nomme *rameaux* de petites chaînes qui se détachent de la principale, comme une branche diverge de son tronc, et peuvent se ramifier à leur tour.

Au point de vue géographique, nous avons appelé *vallée* une longue dépression du sol plus ou moins profonde, ou l'espace qui se trouve entre deux chaînes ou deux chaînons parallèles. C'est en effet le nom que cet espace porte lorsqu'il est très-long et que sa largeur est comparativement petite, quelle que soit sa profondeur; mais s'il a peu de longueur, on le nomme *vallon*. Les vallées de la plus grande espèce sont celles qu'on a nommées *vallées larges* à *fond plat*. Elles sont comprises entre deux chaînes distinctes, portant des noms différents et souvent fort éloignées l'une de l'autre. Le fond en est ordinairement plat, parce qu'il a été en partie comblé par des alluvions de toutes les espèces. On ne peut pas dire de ces vallées que la largeur est bien petite relativement à la longueur; elles sont presque toutes parcourues par de grands cours d'eau. Lorsqu'une vallée ou un vallon se rétrécit beaucoup, la partie ainsi rétrécie prend le nom de *défilé* ou de *gorge*. Si au contraire la dépression que l'on considère est aussi large que longue, elle prend le nom de *bassin*. Une grande vallée, ordinairement parcourue par un grand cours d'eau, tel qu'une grande rivière qui se jette dans un fleuve, ou un fleuve même, en reçoit ordinairement plusieurs autres plus petites qui viennent y déboucher obliquement, et qui dirigent aussi les eaux d'un courant plus petit. La grande vallée a reçu le nom de *vallée princi-*

pale ; et les petites celui de *vallées latérales*. Celles-ci peuvent aussi se ramifier de leur côté. Lorsqu'une vallée marche parallèlement à la chaîne qui la détermine, on lui donne le nom de vallée *longitudinale*. Si au contraire elle coupe la direction d'une chaîne ou d'un rameau, elle porte le nom de vallée *transversale*. On a des exemples de ces deux espèces de vallées dans la plupart des systèmes de montagnes formées, au moins en grande partie, de terrains de sédiment, dont les couches ont été relevées ou contournées, par exemple, dans les Alpes et dans le Jura. Mais on conçoit qu'elles doivent être beaucoup plus rares, et peuvent même ne pas exister dans l'intérieur des chaînes qui ont été formées par des épanchements de terrains plutoniques, telles que les Vosges.

Quand le faîte d'une chaîne s'abaisse fortement sur un point, ce point porte le nom de *col ;* c'est sur ces cols qu'on établit ordinairement les chemins qui servent à franchir les montagnes. Enfin on appelle thalweg la ligne des points les plus bas d'une vallée, ou celle suivant laquelle les deux flancs viennent se couper.

Considérées sous le rapport des causes qui ont pu les produire, les vallées peuvent se diviser aussi en plusieurs genres. Nous appellerons vallée d'*enfoncement* celle qui est comprise entre deux chaînes parallèles, et que nous regardons comme résultant de l'enfoncement qui a produit ces chaînes. Elles sont généralement très-étendues, sont toujours longitudinales et font partie ordinairement des vallées *larges à fond plat*. Nous citerons comme exemple la grande vallée du Rhin, qui s'étend de Bâle à Mayence, et qui est comprise entre les Vosges et la Forêt-Noire.

Une vallée d'*éruption* est celle qui est formée par l'épanchement de matières en fusion ignée, soit que ces matières aient coulé à la manière des laves, soit que, comme dans les terrains cristallins, elles soient arrivées à l'état pâteux. On conçoit, en effet, que de semblables coulées ou épanchements ont dû souvent se ranger les uns à côté des autres de manière à intercepter entre eux de véritables vallées ou au moins des vallons. Il est peut-être difficile d'assigner des règles aux formes ou à la manière dont commence une vallée d'éruption. On peut dire cependant que quand elle a été formée par deux épanchements ou *productions* partant d'un même centre, elle commence ordinairement au pied de ce centre, au point où les deux productions, cessant de se toucher, forment une espèce de cirque ou une sorte d'entonnoir ou cône renversé. Mais si elle est formée par deux productions appartenant à des centres différents, elle prendra son commencement sur la crête même de la chaîne, au point où ces deux productions forment un col plus ou moins prononcé. Dans ce cas, on conçoit que, presque toujours, une autre vallée partant du même point sillonne en sens contraire l'autre versant. Enfin, si l'un des deux centres d'épanchement est en dehors de la ligne de faîte, la vallée aura encore son origine au col des deux productions, et par conséquent en dehors de la ligne ; mais, dans ce cas, elle pourra être longitudinale dans une partie plus ou moins grande de sa longueur, c'est-à-dire être dirigée dans le sens de la chaîne principale.

Un des caractères de cette espèce de vallées est d'être très-inégales dans leur largeur, c'est-à-dire d'être composées comme d'une suite de bassins, ou d'élargissements séparés par des rétrécissements plus ou moins brusques. On conçoit, en effet, que lors de l'épanchement des matières pâteuses sur deux directions plus ou moins parallèles, les ramifications de cette espèce de coulées ont dû, par instant, se rapprocher plus ou moins, selon les obstacles qu'elles rencontraient ou l'abondance variable des matières éjectées. On en peut citer de nombreux exemples dans les Vosges, la Forêt-Noire, l'Auvergne, et dans toutes les chaînes de terrains cristallins ou pyroïdes.

On appelle vallées de *rupture* celles qui résultent de fractures qui se sont faites dans la masse d'une montagne, soit lors de sa formation, soit par des mouvements postérieurs. Deux caractères généraux de ce genre de vallées sont : 1° que chaque angle rentrant de l'un de ses flancs correspond exactement à un angle saillant de l'autre, et 2° qu'elles montrent sur ces deux flancs les mêmes terrains disposés dans le même ordre ; c'est-à-dire que si la montagne est composée, par exemple, de terrains stratifiés, la correspondance des couches est évidente d'un flanc à l'autre, toutes les fois que les éboulements ou la végétation ne les cachent pas. Cette correspondance résulte de ce que ces couches étaient contiguës, et ne formaient respectivement qu'une même nappe avant la rupture.

On peut les subdiviser en *vallées d'écartement*, *vallées centrales d'élévation*, *vallées latérales d'élévation* et *vallées de failles*.

Une vallée *d'écartement* est celle qui s'est formée, lorsqu'à la suite d'une secousse ou d'un affaissement, une montagne s'est fendue, sur une longueur plus ou moins grande, et que les deux parois de la fente se sont écartées dans le sens horizontal. Elle appartient généralement aux vallées transversales.

Quelquefois la rupture ne s'est pas prolongée dans toute l'épaisseur de la masse ; alors la vallée offre l'aspect d'une cluse imparfaite ou d'un col. Dautres fois la rupture n'a affecté qu'un des versants, et il n'en est résulté qu'un vallon, quelquefois fort petit, qui, à partir du point le plus élevé, va en s'élargissant.

On peut ranger dans ce genre de vallées les cluses, les impasses et les ruz, si fréquents dans les montagnes formées de terrains jurassiques.

M. Leblanc pense que ces vallées transversales n'ont eu souvent pour origine qu'une simple fente qui s'est élargie chaque année par l'action des agents atmosphériques, surtout par la gelée et le dégel, qui tendent constamment à amener ses parois à la pente du talus d'éboulement (1). Mais les eaux, dans la saison des pluies et la fonte des neiges, entraînant une partie du détritus, obligent la tête de chaque paroi à reculer toujours davantage pour arriver aux conditions d'équilibre.

M. Leblanc pense aussi que cette même action des

---

1 Comme nous l'avons expliqué en parlant des failles.

pluies et du dégel ayant agi depuis longtemps, et agissant encore sur les escarpements, a dû modifier plus ou moins tous les accidents de la surface du globe, excepté le cas où la végétation est venue lier et abriter le détritus. Il explique de la même manière la disparition de certaines parties de roches qui manquent dans les couches contournées et brisées des montagnes formées de terrains stratifiés.

Ce géologue a aussi fait de nombreuses recherches sur les talus d'éboulement, et a trouvé leurs pentes sensiblement constantes ou renfermées entre des limites très-rapprochées. Le maximum le plus général est de trente-cinq ou soixante-dix degrés de hauteur sur cent de base. Cependant, dans la craie et dans quelques roches à surfaces rugueuses, il l'a trouvé quelquefois de trente-sept degrés.

Nous avons dit que la matière fluide, en faisant effort pour sortir par les lignes de fractures résultant d'un enfoncement, avait dû soulever les bords des fentes. Conformément à cette hypothèse, nous nommerons *vallée centrale* d'élévation celle que l'on voit souvent au centre d'une chaîne ou d'un chaînon, et qui est formée par la rupture des couches les plus extérieures, survenue dans l'acte du soulèvement. On conçoit que de semblables vallées n'ont guère pu se former que dans des terrains stratifiés. Ces couches rompues sont inclinées en sens contraire, et, vers le dehors de la vallée, forment les deux versants extérieurs. Son caractère particulier est d'avoir le thalweg plus élevé que le pied de la montagne qui la porte. On trouve assez fréquemment dans ces vallées des sources minérales. Nous citerons comme exemple les vallées de *Kingsclère* et de *Pyremont*, dont parle M. de La Bèche, et celle de *Sultz-les-Bains*, citée par M. Hogard. On peut aussi ranger dans cette espèce de vallées plusieurs des soulèvements des ordres supérieurs des montagnes du Jura. Elles appartiennent, du reste, aux vallées longitudinales.

Les vallées latérales d'élévation sont formées par la partie inférieure de la surface inclinée d'une formation qui s'est enfoncée, et l'escarpement qui existe toujours à la limite de la formation ou subdivision de formation, qui lui est immédiatement supérieure.

Nous les appelons *latérales*, parce qu'elles sont généralement situées vers le pied des chaînes, et nous les rangeons dans les vallées d'élévation, parce que les bancs de roches qui les constituent ont dû être soulevés lors de l'apparition de ces montagnes. Elles sont ordinairement fort étroites, mais souvent très-longues. Nous en concevons la formation de la manière suivante :

Toutes les fois qu'un terrain submergé s'est enfoncé, le niveau de la mer qui le recouvrait a baissé, et sur les limites de l'enfoncement, c'est-à-dire sur la ligne qui a fait fonction de charnière supérieure, ce terrain a été mis à découvert. Alors a commencé un nouveau dépôt qui est devenu plus ou moins puissant, et a été formé de plus ou moins de couches différentes, selon la durée du temps de repos. A un nouvel enfoncement, le niveau de la mer baissera encore, et les limites du nouveau terrain seront aussi émergées, et ainsi de suite, autant de fois qu'il y aura enfoncement sur les mêmes lieux. Cela prémis, si l'on considère que les limites d'une formation, étant déposées près de la surface des eaux, ne peuvent être stratifiées régulièrement ni prendre de consistance parce qu'elles sont battues continuellement par les vagues, et qu'elles n'éprouvent pas une pression suffisante, on concevra que, lors de la grande agitation des eaux, qui arrive à l'époque de chaque changement de niveau, toutes ces parties meubles sont facilement emportées jusqu'à la profondeur où commence la stratification et une plus grande consistance, ce qui produit un premier escarpement; et la distance à laquelle il se trouve de la limite de la formation qui le porte, peut être déjà assez grande. D'ailleurs des couches, surtout celles nouvellement formées et celles qui sont séparées par d'autres couches meubles, ne s'inclinent pas ainsi sans éprouver des glissements, souvent considérables, comme le prouvent les étirements xiloïdes que l'on observe dans les roches, solides aujourd'hui, mais qui étaient molles alors, et les surfaces polies, qui portent même le nom de *surfaces de glissement,* que l'on voit sur les joints des strates.

Dans les temps anciens, ces escarpements n'ont été détériorés, corrodés, que par les pluies et les courants qui en résultaient, car alors il ne gelait pas sur la terre. Or les eaux seules n'ont pas une grande action sur les roches solides. Cependant, comme dans la plus grande partie des terrains stratifiés, dans les terrains jurassiques, par exemple, des bancs solides sont le plus souvent séparés par des couches meubles, les eaux ont facilement enlevé celles-ci, et les bancs solides s'étant trouvés sans appui, se sont écroulés, ce qui a encore reculé ou éloigné l'escarpement; et ces écroulements se sont renouvelés bien des fois, puisque dans plusieurs localités ils ont encore lieu aujourd'hui. D'ailleurs il ne faut pas perdre de vue que ces vallées ont été témoins d'horribles catastrophes et d'agitations dont nous ne pourrions que difficilement nous faire une idée.

Enfin, pendant l'époque actuelle, l'action puissante des gelées suivies de dégels est venue hâter l'élargissement des vallées qui nous occupent. Elles ont dû même réduire en fragments les gros blocs tombés au pied des escarpements, et amener ainsi leur disparition.

Si l'on suppose que toutes les formations dont on considère les escarpements dans un même lieu, avaient été superposées avant qu'un premier mouvement ne vint les incliner, ce que ne confirme pas la discordance de stratification, l'explication reste encore la même. Enfin on conçoit que des soulèvements, qui, dans notre manière de voir, ne sont que les conséquences des enfoncements, produiraient encore des effets semblables.

Cette espèce de vallée est commune sur les limites des terrains calcaires, et surtout dans les terrains jurassiques. Nous citerons entre autres, comme exemple, les environs de Metz et de Belfort.

Nous nommerons *vallée de faille* celle qui est comprise entre l'escarpement formé par le bord de la fente qui est resté en place ou qui a été soulevé, et la contre-partie. Les failles étant très-communes, ces vallées le sont aussi et sont quelquefois fort longues comme leur flanc formé par la contre-partie est souvent une grande surface inclinée qui verse ses eaux au pied de l'escarpement ou de la tête de la faille. Ce pied est presque toujours, excepté dans les failles courtes des montagnes, occupé par des cours d'eau plus ou moins considérables.

Une vallée de *plissement* est formée par deux ondulations consécutives de la surface d'un terrain qui a été ridé le plus souvent par refoulement. Elle offre sur ses deux flancs des couches de même nature, montrant leur ancienne surface extérieure, mais inclinée en sens contraires. Tels sont les vallées longitudinales des montagnes du Jura.

Dans les régions basses on voit de grandes dépressions couvertes de sable, de gravier et de cailloux roulés de différentes grosseurs. Elles renferment ordinairement le lit d'une rivière; leurs côtés offrent souvent des talus et des berges. En un mot, tout semble annoncer que ces dépressions ont été jadis creusées par de grands courants d'eaux. Mais si on suit les rivières qui y coulent maintenant, il arrive le plus souvent, comme l'a très-bien observé M. d'Omalius d'Halloy, qu'on les voit quitter ces dépressions creusées dans des terrains d'apparence meuble, et qu'elles auraient pu suivre facilement pour s'engager dans des défilés pratiqués dans des roches dures, et cela parce que de légères digues de terrains meubles leur ont barré l'ancien lit. Nous citerons comme exemple, d'après le même auteur, la Saône à Tournus et à Lyon, et le Rhône à Saint-Genis et à Tain. Ce fait nous apprend d'abord que ces dépressions n'ont pas été creusées par les rivières qu'elles renferment. Si l'on étudie de plus près encore ce sol d'alluvion, on ne tarde pas à y apercevoir des roches plus anciennes qui se montrent, de temps en temps, de chaque côté, au-dessus du niveau du thalweg, et à reconnaître enfin que les eaux, loin d'avoir creusé ces larges lits, n'ont fait que profiter, dans leurs courses, des fentes préexistantes qu'elles ont couvertes de graviers et en partie comblées par leurs alluvions. Cependant ce sont ces longues dépressions que l'on appelle improprement *vallées de dénudation* ou *d'érosion*.

De semblables fentes ont dû, en effet, se produire en grand nombre lors des divers enfoncements du sol et des grands soulèvements qui en résultaient. Ces fentes se seront prolongées loin du pied des montagnes, et auront servi à diriger le cours des eaux. Les plus grandes de ces fentes correspondent aux points où les chaînes changent de direction, ou bien à ceux où deux chaînes se rencontrent.

Nous ne prétendons pas qu'aucune vallée existant aujourd'hui n'ait été creusée par les eaux. Un courant puissant, animé d'une grande vitesse, peut certainement entamer un terrain meuble ou composé de roches friables, surtout s'il est aidé par les agents atmosphériques, et, transportant les débris au loin, il en formera un nouveau terrain d'alluvion. Nous savons même que, à l'époque actuelle, malgré la grande tranquillité dont nous jouissons, nos fleuves déposent encore, à leurs embouchures, de puissants atterrissements qui comblent nos ports.

Tout le monde connaît le delta de la basse Egypte formé par le Nil ; une partie du territoire de la Hollande n'a pas d'autre origine, et l'on sait avec quelle rapidité marchent les atterrissements des bouches du Pô. Mais il paraît que cet agent n'a jamais formé que de courts vallons qui vont bientôt se perdre dans quelques grandes vallées d'enfoncement ou de rupture. On en a de nombreux exemples dans la craie, dans les grès peu cohérents et dans des terrains tertiaires.

La force de transport des courants, sur un plan horizontal, à masses égales, ne dépend évidemment que de la vitesse. Son étude est peut-être la moins avancée. On sait cependant que cette force est très-faible. On a établi qu'une vitesse d'environ soixante centimètres par seconde au fond de l'eau serait seulement capable de rouler des cailloux arrondis de onze millimètres de diamètre, et que celle d'environ un mètre par seconde ne pourrait entraîner, en pierres plates et anguleuses, que celles de la grosseur d'un œuf, en supposant à ces roches la densité moyenne 2,60.

Un grand nombre de rivières peut atteindre cette vitesse, et rouler des cailloux même un peu plus gros que ceux que nous venons de désigner si le lit est un peu incliné ; mais comme il est bien reconnu que le frottement diminue beaucoup la vitesse du fond d'un courant, on conçoit que, loin des pentes rapides des montagnes, là où la profondeur des rivières est rendue plus grande par le ralentissement, et surtout par les affluents qui augmentent continuellement le volume de l'eau, le frottement croîtra proportionnellement à la pression, ce qui ralentira encore de beaucoup la vitesse du fond. Aussi, à ces distances, les rivières ne charrient plus que des sables et des graviers et ne portent à leur embouchure que de la vase, du limon léger qui peut se tenir en suspension jusque-là.

Les cours d'eau sont donc incapables de transporter de grosses masses de roches. Cependant si on observe dans les montagnes de simples ruisseaux circulant entre de gros cailloux, on reconnaît que, petit à petit, ils parviennent à faire descendre ces cailloux jusqu'au pied de la chaîne. M. de Charpentier, qui a eu souvent l'occasion de vérifier ce fait, nous l'explique d'une manière qui nous paraît satisfaisante. Un mince filet d'eau arrêté dans son cours par un bloc est forcé de passer par-dessus; il retourne en aval, en formant une petite cascade qui, à la longue, entraîne le sable et creuse sous le caillou, pendant que l'autre sable s'accumule et pèse en amont. Ce caillou, perdant ainsi son appui, roule par son propre poids, et si la pente est suffisamment inclinée et unie, il pourra faire plusieurs tours. Cette chute se renouvellera ainsi jusqu'à ce que la pente soit devenue assez douce pour que le sable ne puisse plus être entraîné, c'est-à-dire quand le caillou sera descendu dans la plaine où d'autres obstacles d'ailleurs s'opposeront à son passage.

Puisque le frottement contre le fond et les parois du lit d'un cours d'eau ralentit sa vitesse, cette vitesse est donc plus grande au milieu, sur le thalweg, que partout ailleurs. Ce n'est donc pas sur cette ligne du milieu que les matériaux en suspension tendront à se déposer, mais bien sur les côtés. Et comme l'eau par sa nature fait constamment effort pour s'étendre horizontalement, c'est surtout dans les lieux où le lit deviendra plus large qu'un plus grand ralentissement déterminera sur les bords du courant un dépôt plus abondant. C'est là probablement l'origine de ces amas isolés de terrains meubles que nous rencontrons sur les points où les vallées s'élargissent, et à leurs embouchures.

Si des courants de la force de ceux qui ont pu parcourir les vallées ont produit de semblables dépôts, on conçoit que ceux formés par les grands courants marins ont dû être incomparablement plus considérables, surtout dans les temps de troubles où les eaux charriaient une plus grande quantité de débris. Ces amas, déposés de chaque côté des courants, ont pu souvent former des vallons et même de véritables vallées, dont les flancs offrent des pentes plus ou moins douces, des collines plus ou moins arrondies. Aussi M. d'Omalius d'Halloy regarde-t-il comme très-probable qu'il y a beaucoup de vallées de ce genre auxquelles il a donné le nom de *vallée de refoulement*, pour exprimer que les matériaux avaient été comme refoulés de part et d'autre de l'axe du courant.

ÉPOQUE GLACIALE.

1° Blocs erratiques.

A l'époque où nous vivons, partout où la pente n'est pas trop rapide et où la culture n'a pas trop changé la face naturelle du sol, la terre est couverte de sable, de graviers, de cailloux roulés et d'alluvions de toutes les espèces, comme si de grands courants d'eau l'avaient sillonnée de toutes parts. Ces alluvions renferment abondamment les débris de nombreuses espèces d'animaux terrestres, mais on n'en a pas encore trouvé ayant appartenu à des animaux marins.

Parmi ces détritus, on remarque surtout de gros blocs dont quelques-uns sont à peu près arrondis; mais le plus grand nombre a seulement les angles et les arêtes émoussés. On les trouve à toutes les hauteurs, cependant en nombre un peu plus grand dans les vallées. Ils appartiennent tous aux roches anciennes les plus dures, tels que granites, porphyres, eurites, protogynes, etc., et comme on les trouve souvent sur des terrains d'une nature très-différente et fort éloignés des lieux d'où ces blocs peuvent provenir, on les a nommés *blocs erratiques*. On les voit épars sur les plateaux élevés ou disposés en lignes longitudinales inclinées sur les flancs des vallées, ou enfin formant de distance en distance des barrages parallèles dans leur fond. C'est dans la grande plaine de l'Europe, entre la mer du Nord et les monts Ourals, que ces blocs sont le plus fréquents. Ils y forment de longues tramées plus ou moins parallèles, et même des collines longitudinales. Il est remarquable que la Baltique n'ait point interrompu ces longues tramées qui proviennent toutes des régions septentrionales.

On a aussi reconnu de ces longues lignes de blocs erratiques dans le nord de l'Amérique septentrionale, paraissant également provenir des régions polaires.

Ces énormes blocs sont si grands qu'il est impossible de concevoir qu'ils aient jamais pu être transportés par des courants, quelles que soient la masse et la vélocité qu'on puisse supposer à ces derniers, surtout quand l'on considère que ces blocs ont franchi les plus larges et les plus profondes vallées, tels que ceux que l'on trouve à de grandes hauteurs sur les montagnes du Jura, et qui cependant proviennent des Alpes.

On y remarque particulièrement la *pierre à bot* dont le volume est d'environ mille huit cent cinquante mètres cubes. D'ailleurs les blocs erratiques n'ont pas été roulés, et la manière hardie dont ils reposent par une de leurs petites faces sur les pentes des montagnes montrent qu'ils y ont été déposés paisiblement, doucement, et non aussi violemment qu'aurait dû le faire nécessairement un courant, s'il en fût jamais d'assez grands et d'assez rapides pour être capables d'un pareil effet. Plusieurs des beaux et nombreux blocs erratiques qui dominent, au nord-ouest, le bourg de Monthey en

Valais, qui cubent jusqu'à mille trois cents et mille quatre cents mètres, reposent en équilibre sur une de leurs petites faces. D'autres de ces mêmes blocs, et des plus grands s'appuient par deux ou trois points au plus sur de plus petits et dans des positions si hardies qu'on a peine à concevoir leur permanence dans cet état. De plus, lorsqu'on observe ces dépôts dans des lieux où il y a des lits de cailloux, on trouve constamment que les plus gros blocs sont placés sur ces cailloux roulés qui en recouvrent d'autres plus petits et dont la grosseur va toujours en diminuant jusqu'au sol où l'on ne voit plus ordinairement qu'un gravier plus ou moins fin. Cet ordre de superposition est exactement l'inverse de celui qui se serait établi si ces détritus avaient été transportés par l'eau.

Nous avons dans les dépôts du grès rouge et du grès vosgien une sorte de preuve que les courants et les masses d'eau agités n'ont jamais été capables de transporter ou de rouler de grands blocs, car l'époque où ils se sont formés est regardée comme étant celle des plus grands troubles, et cependant ces grès, même le poudingue du grès vosgien, qui est le plus caillouteux, n'en renferment point qui soient seulement de la grosseur de la tête, et ceux de la grosseur du poing n'y sont pas fréquents.

Les lignes de blocs si remarquables dans les régions arctiques, formant comme des rayons qui, partant du pôle, se dirigent vers l'équateur, sont très-probablement un effet de la fonte des glaces universelles. En effet, cette fonte ayant dû commencer à l'équateur, aura été terminée dans cette zône, et même dans les zônes tempérées, lorsqu'elle aura commencé dans les zônes glaciales, où les glaces auront commencé à se fondre plus tard et se seront portées du nord au sud, avec tous les torrents qui en sortaient, emportant avec elles tous les blocs que les gelées et dégels alternatifs devaient faire tomber des escarpements, et que la mer Baltique n'a pu arrêter dans leur trajet parce qu'elle était en partie glacée. D'ailleurs les blocs que l'on trouve au sud de cette mer ne font pas tous partie de ces rivages septentrionaux.

De plus on a reconnu que la ligne qui limite, au sud, le transport de ces blocs, passe par Pinsk en Lithuanie, par Toula, par Ny-Novgorod, etc. Or, si on trace cette ligne sur une carte d'Europe, on voit qu'elle ne tourne pas sa concavité vers le pôle nord, mais bien vers les Alpes scandinaves, ce qui semble indiquer que ces matériaux ont été apportés par les glaces qui couvraient cette chaîne, ou qu'au moins les grands courants en descendaient.

Le sentiment de l'impossibilité du transport par les eaux a fait rechercher des substances d'une plus grande pesanteur spécifique : on a supposé des courants de boue sur lesquels les blocs auraient été portés ; mais ces boues auraient comblé toutes les vallées que les blocs ont franchies, et cependant il n'en reste pas de traces. Enfin M. Lyell a eu recours à des radeaux de glace qui auraient charié les quartiers de roches, les blocs anguleux, et seraient venus échouer sur les versants de nos montagnes, à la hauteur du niveau que l'on supposait aux eaux. Cette ingénieuse hypothèse satisfait bien à quelques-unes des conditions du problème, mais elle n'explique pas plus que les autres les particularités du phénomène. Par exemple, aucune de ces suppositions ne fait comprendre pourquoi les blocs et les autres débris sont disposés en éventail autour des chaînes de montagnes, comme cela est arrivé pour les Alpes, les Vosges, etc. Disposition qui n'a jamais pu résulter d'un courant, quelque direction qu'on lui suppose et quel que soit le rôle qu'on lui fasse jouer dans l'action. Aussi verrons-nous bientôt qu'on doit leur attribuer très-probablement une autre origine.

2° Glaciers des montagnes.

Tout le monde sait que, conformément à la loi du rayonnement et à l'abaissement de température que produit la dilatation des gaz par la diminution de pression, la température diminue à mesure qu'on s'élève dans l'atmosphère. La marche ou la rapidité de cette diminution varie avec la latitude. La moyenne des résultats obtenus jusqu'à présent fait voir que la température décroît d'un degré centésimal pour une élévation d'environ cent soixante à cent soixante-dix mètres, d'où il suit que l'on arrive bientôt à un point où les neiges ne fondent jamais, parce que la température y est constamment à zéro ou s'en éloigne peu. La hauteur de cette limite des neiges perpétuelles varie comme on doit bien s'y attendre, avec la latitude des lieux, et va toujours en diminuant de l'équateur aux pôles, où elle est peut-être nulle. De l'équateur jusqu'à dix degrés, cette hauteur est sensiblement la même, et de quatre mille sept cent quatre-vingt-onze mètres (Chimborazo). De quarante-deux à quarante-trois degrés (Pyrénées), elle est de deux mille sept cent vingt-neuf. De quarante-cinq à quarante-six degrés (Alpes), elle est de deux mille six cent soixante-dix. A soixante-cinq degrés (Laponie), elle est de neuf cent cinquante. Et dans les Vosges, à la latitude d'environ quarante-huit degrés, si le décroissement de température était uniforme, cette limite des neiges perpétuelles ne serait qu'à six cents mètres. Mais il faut observer que si les ballons de cette chaîne s'élevaient à cette hauteur, et surtout s'ils la dépassaient, la température s'élèverait avec eux, parce qu'ils retiendraient le calorique qu'ils rayonneraient ensuite, et la limite qui nous occupe serait portée à une plus grande hauteur, qui serait probablement d'environ deux cents mètres.

Les sommités de nos hautes montagnes sont donc couvertes de masses de glaces, généralement très-puissantes, auxquelles on a donné le nom de *glaciers*. Ces glaces s'étendent sur les flancs de ces montagnes, et s'engagent dans leurs vallées, jusqu'au fond desquelles elles descendent souvent. Ces énormes masses sont les sources des grands fleuves qui descendent des hautes chaînes. Jusqu'à présent, l'étude des glaciers avait été complètement négligée, et leur théorie était restée ignorée. Mais MM. Venetz, de Charpentier et Agassiz, en nous communiquant leurs heureuses et savantes observations, viennent de jeter un grand jour sur cet ordre de phénomènes destinés à faire faire à la science un pas plus grand encore.

Chaque hiver, les neiges et les pluies qui se congèlent tendent à augmenter la masse des glaciers ; mais les chaleurs de l'été, pendant le jour, tendent au contraire à la diminuer en fondant leur surface et une partie de leur base. Un fait bien constaté depuis que de Saussure l'a observé le premier, c'est qu'un glacier est continuellement en mouvement et tend constamment à descendre.

Des points observés vers le haut se sont trouvés être beaucoup plus bas, après quelques années. Une échelle ayant été abandonnée par de Saussure sur un glacier, lorsqu'il visita pour la première fois le col du Géant, fut retrouvée quarante-quatre ans plus tard, près de l'aiguille du Moine. Elle avait donc parcouru, avec le glacier, près de trois lieues, ce qui fait environ trois cents mètres par an. Cependant un bloc observé sur la mer de glaces, qui appartient au même glacier, paraîtrait n'avoir parcouru que cent quatre-vingt-trois mètres dans une année (1).

Jusqu'à présent on avait attribué cette tendance à un simple glissement, produit par le propre poids du glacier, sur la surface inclinée qui le porte ; mais voici, en substance, l'explication qu'en donne aujourd'hui M. Agassiz. La glace des glaciers n'a point la texture continue des glaces ordinaires ; elle est composée d'une

---

(1) De La Bèche, *Manuel géologique*, page 75.

multitude de fragments dont la grosseur diminue à mesure que l'on remonte soit du fond du glacier vers la surface, soit de sa partie inférieure à sa partie supérieure, où elle finit par passer à un état de neige grossière. Un glacier est donc une masse spongieuse, imbibée sans cesse des eaux atmosphériques et de celles qui proviennent de la fonte de sa partie superficielle, et qui s'infiltrent continuellement dans les fissures capillaires que présente la glace dans toute son épaisseur, et surtout à la partie voisine de la surface où elle est moins compacte. Cette eau, dont la température est constamment voisine du point de congélation, se transforme en glace au moindre refroidissement, tel que celui qui a lieu chaque nuit, et tend à dilater le glacier dans tous les sens. Cependant, comme il est contenu des deux côtés par les flancs de la vallée, et en haut par le poids des masses supérieures, toute l'action de la dilatation, aidée d'ailleurs de celle de la pesanteur, se porte dans le sens de la pente, seul côté qui lui offre une libre issue.

Si cette imbibition et congélation de l'eau de la surface est bien la cause des mouvements et de la marche d'un glacier, plus les variations de température au-dessus et au-dessous de zéro seront fréquentes, plus cette marche devra être rapide. Aussi M. Agassiz dit-il que ces alternatives n'ayant pas lieu pendant l'hiver, cette saison est le temps de repos des glaciers. Si cet arrêt des glaciers pendant l'hiver est bien constaté, il nous semble que cette explication reste sans réplique.

La forme extérieure d'un glacier présente d'ordinaire une surface plus ou moins convexe, surtout à l'extrémité inférieure. Cette forme résulte de la réflexion de la chaleur par les parois de la vallée, qui accélère la fusion de la glace sur les flancs du glacier.

Il est généralement terminé en demi-cercle, par la même raison et aussi parce que le mouvement de la glace est un peu plus rapide au milieu, où elle éprouve moins de frottement ou de résistance.

L'action destructive des agents atmosphériques sur les roches des sommités d'où descendent ces glaciers, sur les crêtes et les flancs qui bordent les vallées dans lesquelles se meuvent ces glaciers, la chute des avalanches (on appelle ainsi des neiges qui, se trouvant dans les hautes montagnes déposées sur des pentes trop rapides, glissent et roulent, en grande masse, jusque dans les vallées, renversant et entraînant quelquefois tout ce qu'elles rencontrent, enfin le mouvement même des glaces détachent sans cesse, dans tout le bassin du glacier, des fragments de roches de toutes les grosseurs, qui, roulant dans le fond qu'il occupe, restent épars à sa surface. La somme de ces débris est considérable, car, à la hauteur des neiges perpétuelles, le gel et le dégel ayant lieu chaque jour, leur action destructive est beaucoup plus grande qu'à tout autre niveau, et peut, en fendant les roches dans tous les sens, et détruisant ainsi leur équilibre, en détacher de très-grands blocs, et amener même des éboulements. Ces débris, portés sur le dos du glacier, descendent avec lui jusqu'à sa base, ou sont déposés le long de ses flancs, car la fusion plus rapide des flancs permet à la dilatation de la surface de porter aussi continuellement de ces deux côtés les glaces de cette surface.

Les plus gros blocs, surtout les plus larges, protégeant la glace qu'ils recouvrent contre l'action du soleil et de la pluie, empêchent que sa fusion, et par suite son abaissement, soient aussi grands ou aussi rapides que pour le reste de la surface. Il s'ensuit que bientôt ces blocs se trouvent comme placés sur des stalles ou même des colonnes de glace. C'est ce qu'on appelle les *tables des glaciers*. Mais lorsque ces colonnes ont atteint, par la fusion et l'abaissement de la surface environnante, une certaine hauteur, elles peuvent enfin être aussi attaquées par le soleil et la pluie. Leurs bases, atteintes les premières, s'usent, les colonnes s'écroulent, et les pierres qui formaient leurs chapiteaux vont recommencer une nouvelle table plus loin, et voyagent ainsi jusqu'aux extrémités inférieures ou latérales du glacier.

Les accumulations de débris qui se forment sur les bords d'un glacier portent, dans les Alpes, le nom de *moraines*. Celle qui se forme à son extrémité inférieure a reçu le nom de *moraine terminale*. Elle prend comme lui la forme demi-circulaire, et aussi comme lui a plus de hauteur au milieu que vers les côtés. Elle est composée de sable, de gravier, de cailloux les uns roulés, les autres anguleux, et de gros blocs, dont plusieurs, placés sur les autres, n'ont pas non plus été roulés. Sa coupe transversale est un triangle dont le côté extérieur au glacier forme ordinairement un plus grand angle avec l'horizon que celui intérieur. Les lignes de ces mêmes débris, formées sur les côtes du glacier, sont les *moraines latérales*.

Enfin on appelle *moraine médiane* celle qui est formée par la réunion de deux moraines latérales adjacentes, appartenant à deux glaciers qui débouchant par deux gorges différentes viennent se joindre dans une même vallée. Les matériaux sont d'abord déposés dans l'arête creuse formée par la jonction des deux glaciers; mais comme ils protègent la glace contre l'action du soleil, de la pluie et des vents chauds ou secs, déterminent une abondante évaporation qui amène la disparition d'une grande quantité de glace, ils se trouvent plus bas, élevés sur une arête saillante, ou dos d'âne qu'ils recouvrent et qui diminue insensiblement jusqu'à l'extrémité du glacier où la moraine s'étale. Il se reproduit donc là en grand le phénomène des tables des glaciers. Il en arrive encore de même pour les moraines latérales. La moraine médiane partage la vallée de jonction dans sa longueur en deux parties qui sont entre elles comme les puissances respectives des glaciers.

Les deux glaciers ne se mêlent point à leur jonction; ils restent distincts, parce que chacun conserve la vitesse qui lui est propre, et si ces vitesses sont bien différentes, les deux moraines adjacentes, tout en se touchant, resteront distinctes aussi sur presque toute leur longueur.

Si, toutes les fois que la chose est possible, on observe le fond d'un glacier, on y voit une espèce de couche pierreuse, qui paraît provenir des débris de roches qui, triturés et broyés, comme sous la meule d'un moulin, se pulvérisent ou s'usent et arrivent à l'extrémité du glacier sous la forme de cailloux arrondis, où ils forment sa base et celle de la moraine terminale.

Si on examine le fond lui-même, on trouve que le glacier, par son frottement, en a détruit toutes les aspérités et l'a poli comme un miroir, aussi bien sur les tranches des couches que sur leur dos. Toutefois le parfait du poli varie avec la nature de la roche. Celles qui sont dures et compactes sont polies comme par la main la plus habile. C'est généralement sur les calcaires que l'action est plus complète.

La glace use et arrondit toutes les parties saillantes un peu étendues, et en les polissant et les mamelonnant en segments de sphéroïde, donne à la surface de ce fond un aspect facile à reconnaître.

On y voit aussi des sillons bien polis et bien arrondis, creusés dans le sens du mouvement du glacier et qui ont depuis un jusqu'à trente centimètres de largeur, avec des longueurs aussi variables.

Les parties les plus dures du sable résultant de la trituration des roches, entre le fond des glaciers et la surface inférieure des glaces, telles que les grains de quartz, marquent, sur la surface en place, des traits plus ou moins fins, auxquels on a donné le nom de *stries*. Ces stries sont en lignes droites plus ou moins longues, et ce qui est bien remarquable, sensiblement parallèles et tracées constamment dans le sens de la marche du glacier sans jamais suivre la pente de ses flancs. Il est à désirer que l'on puisse observer la surface inférieure des glaces. Il est très-probable qu'on y trouverait de ces petits fragments de quartz ou d'autres roches dures enchassées comme des diamants dans leurs montures. Ce n'est guère que de cette manière que l'on peut concevoir la rectitude des stries et leur parallélisme. Elles existent aussi bien sur les tranches de feuillets que sur leurs surfaces, et passent, sans se détourner, d'une partie tendre de la roche à une partie plus dure. On remarque aussi qu'elles sont plus nombreuses sur les surfaces polies des roches quartzeuzes telles que les gneiss, les granites, que sur celles des calcaires. On voit souvent à la surface des glaciers, des fentes qui paraissent pénétrer toute leur épaisseur, et dans lesquelles les eaux des pluies et celles provenant de la fusion, vont se précipiter comme dans des gouffres. Ces eaux tombant en cascades sur le fond, doivent y exercer une érosion quelconque. Aussi M. Agassiz en a-t-il remarqué auxquelles il croit devoir attribuer une telle origine.

Lorsque l'année est peu chaude ou pluvieuse, la base du glacier s'avance dans la vallée et pousse devant elle tous les débris et les blocs qui forment la moraine terminale, en les rangeant toujours sous la forme arquée qu'elle conserve elle-même. Si au contraire l'année est chaude, il se fond plus de glace, à la base, que le glacier n'en apporte, et alors on dit que le glacier *se retire*.

Dans ce cas il abandonne la moraine qu'il avait poussée en avant l'année ou les années précédentes, et peut continuer, selon l'occurrence, à se retirer pendant quelques années, pour revenir plus tard, poussant en avant ces nouveaux débris qu'il avait déposés en se retirant précédemment. Mais depuis que ces oscillations ont été observées, on les a toujours vues renfermées entre d'étroites limites. Quelquefois cependant elles sont assez grandes pour aller renverser des bosquets voisins, peuplés de vieux arbres dont l'ancienneté démontre la rareté du phénomène; ou couvrir et perdre les petits prés environnants que, de mémoire d'homme, le glacier avait fécondés. C'est ce que l'on a vu de 1817 à 1822, pour plusieurs des glaciers des Alpes, notamment pour ceux de la vallée de Chamouni. Ce ne sont cependant encore là, comme on voit, que de petites excursions.

3° Glaces universelles.

Si, descendant d'un glacier, on poursuit sa course dans la vallée, ordinairement on rencontre bientôt une digue de même forme et de même structure que la moraine terminale que l'on vient de quitter. Si on observe les roches en place, des deux côtés de la vallée, et celles contre lesquelles la digue se termine, et, si l'on peut, le fond subjacent de cette vallée, on reconnaît généralement que ces roches sont polies et striées comme celles qui encaissent le glacier. On ne peut donc douter que celui-ci ne se soit étendu anciennement jusqu'à cette digue qu'on reconnaît dès-lors pour être une moraine terminale.

Plus bas un nouveau barrage, mais couvert en partie d'une végétation naissante, a encore la même forme et la même composition que la moraine; il est encore accompagné sur les roches en place des mêmes surfaces polies. On voit souvent en même temps, sur les flancs de la vallée et à des hauteurs plus ou moins grandes, mais sensiblement égales, des digues longitudinales et des lignes de blocs plus ou moins inclinées. On reconnaît donc encore plus facilement que le barrage est une ancienne moraine terminale et les digues ou les lignes de blocs des anciennes moraines latérales. Enfin, plus bas encore, et de distance en distance, jusqu'à l'embouchure de la vallée, on rencontre de nouveaux barrages, semi-circulaires, à coupe tranversale triangulaire, d'une hauteur plus grande au milieu que vers leurs bords, composés de gravier, de cailloux, de blocs, le tout non stratifié, en un mot ayant tous les caractères de véritables moraines, mais ordinairement plus puissantes que les précédentes et couvertes d'habitations, de cultures et d'anciennes forêts. Aucune tradition ne rapporte que le glacier se soit jamais étendu jusque-là, et il ne vient pas à la pensée qu'il puisse y revenir désormais. Cependant on est forcé d'y reconnaître de très-anciennes moraines, presque toujours accompagnées de surfaces polies, de lignes de blocs dans les hauteurs et de toutes les autres traces que les glaciers laissent après eux en se retirant. Ces moraines sont coupées, plus ou moins morcelées, et ses coupures paraissent avoir été faites par des courants d'eau.

Un fait important à remarquer, c'est le poli des roches

élevées qui encaissent le glacier même. Ce poli s'étend depuis la surface des glaces jusqu'à des hauteurs où il n'y a, dans l'ordre physique actuel, aucune probabilité qu'elles aient jamais pu atteindre. On y voit de nombreuses stries parallèles dirigées dans le sens du mouvement du glacier. En même temps on observe, même en ayant égard à la nature des roches, que les surfaces polies sont plus nombreuses et plus étendues vers les faîtes des montagnes que dans les vallées, ce qui s'oppose à ce que l'on puisse attribuer à des courants chargés de pierres le poli de ces roches, qui aurait été plus fréquent et plus parfait là où la pression aurait été plus grande, c'est-à-dire dans la profondeur des vallées. D'ailleurs on a trouvé que les surfaces des plateaux isolés qui dominent les glaciers et qui sont séparés de tout autre plateau par des vallées profondes, sont mamelonnées, polies souvent comme une miroir et couvertes de sillons et de stries. C'est ce que viennent de reconnaître, tout récemment, MM. Studer et Agassiz, sur la crête du Riffel, qui domine le glacier de Gornerm à plus de cent soixante mètres au-dessus du point le plus élevé de sa surface. Il est impossible de ne pas reconnaître que les surfaces sont d'autant plus polies et les stries d'autant mieux conservées qu'elles sont plus rapprochées des glaciers, ce qui semble prouver qu'elles ont été abandonnées par ces derniers plus récemment que celles des parties basses des vallées; ce qui est encore l'inverse de ce qui serait arrivé dans l'hypothèse des courants. Enfin, ce qui ne pourrait jamais s'expliquer par l'action de courants chargés de pierres, et s'accorde très-bien avec les mouvements des glaciers, ce sont ces surfaces arrondies, en petit comme en grand, polies sur les faces qui auraient été opposées aux courants, tout aussi parfaitement que sur celles qui y auraient été directement exposées. Et ces stries fines et parallèles, dirigées constamment dans le sens du mouvement général, sont semblables à celles que traceraient sur un marbre poli des pointes de diamant attachées ensemble à une large monture ; elles ne peuvent dès-lors avoir été tracées que par des fragments anguleux, de roches dures, fixées à un corps solide doué d'un mouvement réglé, telle qu'est la masse d'un glacier. On ne pourrait dire qu'elles ont pu être gravées par les pointes dures et aiguës qui saillissent souvent à la surface des blocs ; elles n'auraient pas la direction soutenue qu'on leur connaît, puisqu'un bloc frottant sur un rocher, et poussé par un courant violent, roule sur lui-même ou tourne sans cesse sur la face frottante en changeant continuellement de direction.

Quant aux barrages que nous rapportons aux moraines terminales, ils ne peuvent être considérés comme des digues naturelles d'anciens lacs qui auraient existé dans les vallées, car ils ne seraient pas accompagnés de lignes de débris ou moraines latérales dont l'inclinaison est celle du glacier qui les a déposés, et n'a jamais pu être celle d'un lac. On ne pourrait non plus les regarder comme ayant été formés par des courants, car dans ce cas nous avons vu que le milieu serait incomparablement moins puissant que les extrémités, et c'est précisément le contraire qui existe.

Tous les autres phénomènes dont nous venons de parler s'observant à chaque pas dans toutes les vallées des Alpes qui sont couronnées par des glaciers, et même dans celles des chaînes extérieures, qui n'en portent pas, nous devons en conclure que toutes les Alpes ont été, très-probablement à une certaine époque, entièrement couvertes de glace.

Il y a plus, c'est que toutes les traces que les glaciers laissent derrière eux en se retirant se retrouvent, plus belles même et mieux conservées sur les roches *calcaires* des versants méridionaux du Jura que dans les vallées basses des Alpes, et même dans quelques-unes des vallées hautes. Les surfaces polies, indépendantes de la stratification et ne pouvant dès-lors être confondues avec les surfaces lisses provenant du glissement des couches les unes sur les autres, s'y étendent sur toute la surface du sol en suivant toutes ses ondulations et pénétrant dans toutes les dépressions qui forment de petites vallées. On remarque que souvent les roches y sont polies plus parfaitement que dans les Alpes, sans doute parce que ces montagnes sont composées généralement de calcaires compactes. C'est là aussi que les surfaces sont mamelonnées en protubérances polies d'un plus petit diamètre. Ces surfaces, appelées *lapiaz* dans le Valais, sont connues là sous le nom de *laves*. Enfin on y voit encore, comme dans les Alpes, sur les surfaces abandonnées par les glaciers, des sillons non rectilignes, mais onduleux, coulant souvent l'un dans l'autre. Ces sillons ne sont plus dus au frottement des glaces, mais bien à l'érosion des eaux qui circulent sous le glacier. Aussi sont-ils généralement creusés suivant la ligne de plus grande pente. Ils sont connus dans une partie des Alpes sous le nom de *Carrenfelder*.

C'est aussi dans le Jura que l'on trouve les blocs erratiques que l'on peut compter parmi les plus grands, et qui, le plus souvent, ne sont pas arrondis.

Nous pourrions citer, avec M. Agassiz, comme exemple de lieux où l'on vérifie facilement ces phénomènes, la partie de la pente méridionale qui s'étend depuis les bords du lac de Bienne jusqu'au delà d'Orbe. C'est sur ce versant que l'on voit l'immense bloc erratique de *Pierre à Bot*, de mille huit cent cinquante mètres cubes.

Les glaces ont donc occupé non-seulement toutes les Alpes, mais encore le Jura, et ont comblé la grande vallée Suisse. Elles se sont même élevées au-dessus d'elle à une grande hauteur, car M. Rod-Blanchet a vu les surfaces polies jusque sur le sommet de la montagne du Pèlerin, qui domine Vevey à trois mille trois cent un pieds, mille soixante-onze mètres au-dessus de la mer, et à sept cents mètres au-dessus du niveau actuel du lac de Genève; et comme l'observe fort bien M. Agassiz, sur le sommet du Pèlerin c'est le *fond* de la glace dont le niveau était de sept cents mètres au-dessus du lac de Genève ; mais rien ne nous indique quelle était son épaisseur dans ce point.

Mais étendons nos regards, et les conséquences deviendront plus étonnantes encore. Depuis le peu de temps que l'on a envisagé les glaciers sous un nouveau jour, on a retrouvé leurs traces à tous les niveaux, et leur présence a déjà été reconnue sur plusieurs points de l'Europe, et même dans d'autres parties du monde.

Dans la chaîne des Vosges, par exemple, leurs traces ne sont pas plus équivoques qu'au pied des Alpes et dans le Jura. La vallée de la Savoureuse offre, tant au-dessus de Giromagny que dans la ville même, de belles moraines terminales et de belles suites de blocs erratiques ayant appartenu à des moraines latérales. La gorge d'où sort la Savoureuse, au pied du ballon d'Alsace, montre un ensemble de surfaces polies et mamelonnées, bien caractérisées, jusqu'à une grande hauteur. La vallée de Saint-Amarin offre les mêmes restes depuis Wesserling jusqu'à son origine. En descendant celle de la Moselle, on rencontre encore non-seulement les moraines mais aussi les surfaces polies avec leurs rainures parallèles; et au-dessus de Remiremont les restes des puissantes moraines terminales des glaciers qui descendaient de cette grande vallée et de celles de Saulxures et du Tholy qui viennent y aboutir. Les mêmes traces se retrouvent dans les vallées du Breuchin, de l'Ognon, du Rahin. Cette dernière surtout est riche en gros blocs qui ont été portés par-dessus les profondeurs qui la séparent des ballons de Giromagny et de Servance, et déposés sur les sommités de ses flancs. Et ce n'est pas seulement dans le fond des vallées que l'on trouve les restes des anciennes moraines, et sur leurs flancs que l'on voit les blocs erratiques; on les rencontre encore sur tous les plateaux dominés par quelques montagnes, lors même qu'ils en sont séparés par de larges et profondes vallées qui les en éloignent quelquefois beaucoup. De plus la dispersion en évantail des blocs tout autour de la chaîne des Vosges, fait qui ne peut s'expliquer que par l'action des anciens glaciers, est tout aussi évidente dans cette chaîne que dans celles des Alpes.

Déjà depuis trois ans, M. Fargeaud avait remarqué, dans la *Forêt-Noire*, des phénomènes analogues qu'il a aussi rapportés à des glaciers. Il a fait à la même époque de semblables observations dans les Pyrénées. Enfin les mêmes phénomènes ont été observés dans des pays fort éloignés des hautes montagnes, tels qu'en Angleterre, sur les rives méridionales de la Baltique, en Suède, etc. Que conclurons-nous de l'ensemble de ces faits, sinon qu'à une certaine époque, la surface entière de la terre a été enveloppée sous une croûte de glaces dont la puissance a le droit de nous étonner, à en juger seulement par les hauteurs où se trouvent les traces des frottements de leurs surfaces inférieures ; si, toutefois, et pour les raisons que nous essaierons de donner bientôt, ces glaces n'ont pas suivi les inégalités du sol.

Cette époque est évidemment celle qui a précédé immédiatement la nôtre, puisque les glaces ont couvert des montagnes telles que les Alpes, qui ont relevé les terrains tertiaires. Elle est connue, jusqu'à présent, sous le nom d'*Epoque diluvienne*.

Si cet ordre de choses est reconnu vrai, les phénomènes tout à la fois les plus intéressants et les plus controversés, que l'on rapporte à l'époque précédente, s'expliqueront avec la plus grande facilité et tout naturellement.

D'abord les blocs erratiques, que l'on n'a pu s'accorder à regarder comme ayant été transportés par des courants d'eau ou de boues, parce que les premiers n'auraient jamais été assez puissants, quelque gigantesques qu'on veuille les supposer, et que les seconds auraient comblé les vallées, les blocs erratiques, disons-nous, auraient été portés tout simplement sur le dos des immenses glaciers qui, lors de leur fusion lente, seraient venus par le mouvement des glaces, que nous avons expliqué, les faire échouer doucement à toutes les hauteurs, sur les pentes des montagnes et des coteaux. Leur dépôt sur la surface du terrain, sans être engagé dans le sol; leur position hardie, en équilibre par une de leurs plus petites faces sur des pentes très-inclinées, où les unes ne s'appuyant que par deux ou trois points sur les autres; leur aspect non arrondi, n'ayant souvent que leurs angles et leurs arêtes à peine émoussés; la circonstance que des petits sont déposés dans le fond des vallées, tandis que de très-gros les dominent à de grandes hauteurs sur les flancs et les sommets des montagnes; celle que les plus gros sont presque toujours les plus éloignés de leur origine; tout en un mot se comprend sans aucun effort, et reste inexplicable dans toute autre hypothèse.

Les immenses et rapides torrents qui sont sortis de dessous ces glaciers sans bornes, lors de leur fusion, ont pu s'arrêter un moment contre chaque moraine qu'ils rencontraient et y former une espèce de lac de courte durée; mais ils les auront bientôt débordées et rompues et en auront entraîné les débris les moins pesants dans les parties plus basses, en les déposant latéralement ou contre d'autres moraines voisines qui auront été bientôt rompues à leur tour; et cette action se sera continuée tant qu'il y aura eu des barrages à rompre; de sorte que, dans les vallées basses, la quantité des alluvions entraînées aura été assez grande pour unir une moraine à la suivante, et donner au tout un air de dépôt continu, par-dessus lequel les eaux auront passé souvent. Ces parties enlevées aux moraines par les torrents des glaciers renferment bien quelques gros cailloux, mais on n'y voit pas de blocs, et celles qui ont été portées jusqu'au dehors des vallées ne sont plus composées que de cailloux ordinaires, de sables et de graviers; de véritables alluvions que l'on avait attribuées, jusqu'à présent, à une prétendue inondation générale, et relativement moderne, à laquelle on a donné le nom de déluge.

Pour qu'il y ait formation de moraines, il faut que le glacier soit en fusion, au moins à sa surface, puisque nous regardons cette fusion comme la cause de son mouvement, et que c'est ce mouvement qui produit les moraines. Pour que le mouvement à la base d'un glacier soit grand, il faut que sa dilatation ne soit libre que du côté de cette base et qu'elle soit favorisée dans cette direction, ce qui exige, comme nous l'avons vu, que le glacier soit incliné et encaissé dans une vallée de montagne, au sommet de laquelle il prend son origine, ou que tout au moins la masse de glace soit très-sensiblement inclinée. Il n'y aura donc formation de moraines terminales sensibles que dans ces conditions. Elles seront d'autant plus puissantes, toutes choses égales d'ailleurs, que le glacier aura fondu à sa base, plus abondamment et pendant un plus grand nombre d'années, semant sur le fond de la vallée, en se retirant, tous les débris des roches qu'il portait sur son dos et que, revenant en avant pendant une série d'années froides et pluvieuses, il poussera et amassera devant lui la grande quantité de débris qu'il avait abandonnés les années précédentes, et en formera une nouvelle moraine qui ne deviendra stable qu'au point où le glacier cessera de s'avancer. Dans ces circonstances, une moraine déjà abandonnée peut être reprise et repoussée en avant avec les nouveaux débris, ce qui la rend beaucoup plus puissante.

Tous ces mouvements dans les glaces des montagnes n'ont pu avoir lieu qu'après l'entière fusion de celles des plaines, et lorsqu'une élévation déjà très-sensible de la température avait rendu les pluies possibles. Il ne faut donc pas chercher de moraines sensibles hors des lieux voisins des hautes montagnes. La libre dilatation des glaces en débouchant dans les plaines n'a pu que leur faire disperser les matériaux dans tous les sens.

On ne doit pas regarder tous les dépôts d'alluvions anciennes comme composés de matériaux descendus des montagnes. Les glaces qui recouvraient les plaines basses et éloignées des chaînes ont fondu les premières; il en est sorti une multitude de torrents qui ont exercé une action érosive plus ou moins puissante sur la surface du sol, laquelle a donné lieu à des dépôts sablonneux et graveleux composés des débris de la plaine.

Il existait aussi des alluvions marines et fluviatiles avant la formation des glaces; ces alluvions anciennes, qui occupaient les lieux bas, ont été nécessairement recouvertes par celles des glaciers, les premières sont faciles à reconnaître par les restes qu'elles renferment; mais ce ne serait guère que dans quelques coupures modernes, dans quelques érosions profondes, faites dans ces terrains de débris, que l'on pourrait peut-être distinguer aujourd'hui les secondes. Enfin il est inutile de dire que les alluvions modernes qui se déposent chaque jour, et qui ne sont le plus généralement que le remaniement des anciennes, ne sauraient être confondues avec celles-ci.

Une puissante végétation et de nombreux et grands animaux ont peuplé la terre avant la formation des glaces. Or celles-ci ne l'ont probablement pas envahie subitement. Elles se seront étendues graduellement sur sa surface. Ces animaux auront fui devant elle aussi longtemps qu'ils l'auront pu, cherchant les lieux qui n'étaient point encore couverts de neiges ou de glaces, et qui pouvaient offrir une température supportable à des êtres qui, à en juger par leurs analogues qui vivent aujourd'hui, paraissent avoir été organisés pour habiter des pays chauds. Ils ont donc dû rechercher les cavernes. Mais les uns, tels que les genres éléphants, rhinocéros, etc., trop grands pour y pénétrer par leurs ouvertures, ordinairement étroites, ou habitant des terrains dans lesquels il n'en existe pas, ont enfin été enveloppés par les glaces, où nous les retrouvons aujourd'hui parfaitement conservés, dans celles des régions septentrionales où ces glaces ne sont pas encore fondues; les autres s'y sont réfugiés en foule, et se sont entre-dévorés tant par antipathie que par besoin. Le nombre des individus de toutes espèces, dont on trouve les restes dans les cavernes, est si grand dans quelques-unes, que l'on a peine à concevoir qu'elles aient pu les contenir tous à peu près en même temps; et les empreintes de dents, que l'on trouve sur leurs os, prouvent que les uns ont dévoré les autres.

Si les animaux s'étaient réfugiés dans les cavernes en fuyant, comme on l'a dit, une grande inondation, on ne saurait comment expliquer que leurs contemporains, qui n'y sont pas entrés, eussent été en même temps pris par les glaces. D'ailleurs les ouvertures des cavernes, étant en général peu élevées relativement aux sommets des hautes montagnes, les animaux n'y seraient pas entrés; ils auraient préféré s'élever toujours davantage. D'ailleurs, s'ils s'y fussent trouvés au moment où les eaux en atteignaient le niveau, ils y auraient été noyés avant de s'être trouvés dans la nécessité de se dévorer les uns les autres; car l'état rongé de leurs os prouve que non-seulement ils s'y sont égorgés par antipathie, mais, bien plus, que les uns ont servi de pâture aux autres. Il serait important, pour la solution complète de la question, de rechercher si des carnassiers n'ont pas été dévorés par d'autres carnassiers, et surtout si ceux d'une même espèce se sont entre-dévorés, ce que l'on pourrait reconnaître dans les cavernes où l'on n'a trouvé que les restes d'une seule espèce de carnivore, comme celles où l'on ne trouve que l'*Ursus spelœus*.

Enfin dans cette manière de voir, on conçoit tout naturellement pourquoi on ne trouve dans les terrains dits *diluviens* que des débris d'animaux terrestres ou fluviatiles et rien de marin; fait incompatible avec l'hypothèse d'un passage géologiquement récent, des mers sur les continents. Elle a d'ailleurs l'avantage de rattacher sans efforts, à une seule et même époque, des terrains que leur grande similitude sur toute la terre avait déjà fait rapprocher géognostiquement, tandis qu'il est très-difficile, pour ne pas dire impossible, de concevoir qu'une seule catastrophe ait pu inonder en même temps tous les continents, et surtout y élever les eaux à la hauteur des plus hautes montagnes.

Il résulte de tous ces faits et de ceux que nous avons rapportés à l'article des *blocs erratiques,* qu'il est très-probable que l'époque tertiaire et l'époque actuelle n'ont été séparées par aucune grande inondation; et que les phénomènes que l'on a habitude d'attribuer à un déluge ont été produits par la fonte des glaces qui auraient, entre ces deux époques, couvert toute la surface de la terre. C'est pourquoi nous proposons de remplacer la dénomination d'*époque diluvienne* par celle d'*époque glaciale,* et celle de *terrain diluvien* par celle de *terrain glacien*.

Si, dans la description géognostique des terrains, nous nous sommes servis de la dénomination de *terrain diluvien,* c'est parce que le changement de nom n'était pas nécessaire pour la description de ce terrain, et que nous n'aurions pu alors motiver cette innovation.

Nous avons compris le terrain glacien dans les terrains modernes, parce que nous faisons commencer l'époque moderne à la naissance des climats, c'est-à-dire au moment où les glaces générales ont pu être fondues par le soleil; vu qu'il paraît que l'ordre actuel des choses s'est établi sans grand trouble depuis ce moment.

Si la surface de la terre a jamais été entièrement couverte de glace, sa température a dû être, à une époque donnée, plus basse qu'elle n'est aujourd'hui. Or la théorie généralement reçue et qui a pour elle toutes les probabilités désirables, est que l'intérieur du globe est encore en incandescence; que cette chaleur s'est longtemps fait sentir à la surface et l'a élevée à une haute température qui est allée toujours en décroissant; qu'aujourd'hui la chaleur intérieure n'entre plus que pour un *trentième de degré* dans la température extérieure, et que dès-lors l'état actuel de la surface de notre planète ne dépend plus que de l'action du soleil. Cette action n'a donc pas toujours été aussi intense qu'elle l'est aujourd'hui, car alors la température n'aurait pu descendre au-dessous de ce qu'elle est à notre époque; elle aurait, au contraire, toujours été plus haute. Que s'est-il donc passé dans notre système solaire? Quelle peut être la cause de cette variation de température?

La géogénie positive ne devant reposer que sur des faits observés, on conçoit que les recherches que l'on a faites sur l'origine du système du monde et auxquelles on a donné le nom de *cosmogonie*, ne s'appuyant que sur de simples hypothèses qui ne peuvent être vérifiées par l'expérience, n'en peuvent pas plus faire partie que de toute autre véritable science. Cependant lorsqu'une supposition, tout en étant déduite du plus grand moyen d'induction pour l'homme, l'*analogie* satisfait en même temps à toutes les conditions d'un problème, elle a au moins pour elle la probabilité. C'est pourquoi en nous aidant des idées que Laplace a publiées déjà depuis longtemps, sur la formation des corps du système solaire et l'origine de leurs mouvements, et de celles que tout récemment M. Angelot vient de communiquer à la Société géologique, sur l'origine de la chaleur initiale des corps célestes (1), nous allons essayer de présenter une hypothèse conforme aux lois de la physique générale, de laquelle découlera naturellement pour tous les corps célestes, par l'accumulation des siècles, une série de phénomènes semblables à ceux que nous avons reconnus s'être produits pour la terre.

Tout le monde sait que les *nébuleuses* sont des espèces de taches blanchâtres, vaporeuses ou gazeuses, ordinairement sans éclat, que l'on aperçoit dans différentes régions du ciel, soit à la vue simple, soit à l'aide du télescope. Si on les observe, comme l'a fait Herschell, avec le plus grand soin et à l'aide de puissantes lunettes, on reconnaît que les unes sont tellement diffuses que

(1) Ces idées de M. Angelot, nous les avons déjà eues depuis quelques années, et nous les avons enseignées dans notre cours de physique, en donnant précisément, comme l'a fait M. Angelot, pour terme de comparaison, le phénomène du briquet pneumatique.

l'on a peine à les discerner ; que d'autres sont beaucoup plus sensibles et paraissent être formées d'un gaz plus dense ; que la matière d'autres nébuleuses paraît être faiblement condensée autour d'un ou de plusieurs noyaux peu brillants ; que d'autres encore montrent ces noyaux plus brillants, relativement à la matière diffuse qui les environne, laquelle ne paraît plus former que comme des atmosphères autour de ces points. Ailleurs, ces nébuleuses sont comme multipliées par la séparation des atmosphères des noyaux qui, quoique très-voisins, se présentent alors comme isolés et environnés chacun d'une atmosphère particulière. Ailleurs encore, on en voit d'autres dont la matière, s'étant probablement condensée uniformément, offre une seule masse arrondie, plus dense et plus lumineuse au centre qu'à la surface, et auxquelles on a donné le nom de nébuleuses *planétaires*. Enfin une plus grande condensation de la matière en a amené d'autres à un état tel qu'elles ne diffèrent pas sensiblement des étoiles. N'est-il pas extrêmement probable que, par la suite des temps, et après une plus grande condensation de la matière des nébuleuses, elles seront toutes transformées en de véritables étoiles, groupées comme celles que nous apercevons chaque jour dans le ciel ; et que celles-ci n'ont été dans l'origine que des nébuleuses dont, à l'époque où nous sommes, la condensation est plus avancée. Mais nous savons que notre soleil, vu de celles des étoiles que nous regardons comme plus près de nous, n'apparaîtrait lui-même que comme une autre étoile.

L'univers semble donc résulter du rapprochement des atomes ou molécules d'une substance gazeuse indéfinie, mais très-subtiles sans doute, si l'on compare les volumes et les densités des corps célestes à l'espace que leur matière occupait.

Suivons cette analogie, développons cette idée et nous en verrons découler tout naturellement tous les mouvements, tous les phénomènes de notre système solaire et en particulier tous ceux que nous avons étudiés sur la terre.

L'état le plus simple de la matière serait d'être répandu uniformément dans l'espace indéfini, c'est-à-dire que toutes les molécules fussent équidistantes et à une même température. Si dans l'origine les molécules matérielles n'étaient pas douées de l'attraction ni d'aucune autre propriété capable de produire du mouvement, l'univers a dû rester en repos tant qu'aucune force étrangère n'est venue agir sur lui. Lors même que dès le commencement elles auraient été douées de la force attractive que nous leur reconnaissons aujourd'hui, on conçoit qu'elles auraient pu se trouver en équilibres, et, comme nous venons de le dire, le milieu qu'elles auraient constitué aurait été extrêmement rare et extrêmement subtil.

Si ce gaz était sans borne, il n'avait par cela même pas de centre de gravité. Mais cet état d'équilibre peut n'avoir jamais existé. Les atomes ont pu, dès l'origine, en vertu de leur attraction réciproque, se mouvoir les uns vers les autres, et il aura suffi pour cela que les molécules n'eussent pas eu toutes rigoureusement la même masse, ou ne se fussent pas trouvées toutes également éloignées les unes des autres. Ce mouvement aura été d'abord excessivement lent, plus tard il se sera formé des centres entre lesquels la matière se sera partagée, et c'est alors que le grand tout aura commencé à se déchirer en lambeaux; puis, dans chaque lambeau, il se sera formé des centres secondaires pesant sur le centre principal, et les centres principaux auront pesé les uns sur les autres. Alors auront commencé les premiers mouvements de rotation, car ces centres se déplaçant continuellement, comme les simples molécules, les directions, qui étaient d'abord centrales, sont devenues excentriques, et ont joué, par rapport aux nouvelles directions centrales, le rôle de forces tangentielles qui ont fait naître les premières forces centrifuges. La mécanique rationnelle démontre qu'en effet de semblables mouvements doivent naître, et que le concours des circonstances, des conditions nécessaires pour qu'un système de molécules primitivement en repos, et abandonnées à leur attraction mutuelle, finisse par donner une masse immobile et infiniment peu probable. « L'attraction seule, a dit » Laplace, suffit pour expliquer tous les mouvements » de cet univers. »

Dans chaque lambeau, dans chaque nébuleuse enfin, les centres particuliers d'attraction, les noyaux ont donc commencé à tourner autour du centre de gravité de cette nébuleuse; le système de plusieurs nébuleuses relativement voisines, a tourné autour de son centre particulier, celui-ci a emporté toutes ses nébuleuses autour d'un autre centre plus général, et ainsi de suite. Nous le répétons, si nous regardons la matière primitive comme ayant été indéfiniment étendue, il ne peut y avoir de centre général fixe autour duquel tourne l'univers. Mais si nous lui posons des bornes, ce pivot universel existe nécessairement.

Quand les différentes parties de la matière subtile furent une fois bien séparées, la marche vers les divers centres d'attraction devint beaucoup plus rapide; et la pression sur chacun d'eux commença à être considérable. Les molécules ayant entraîné dans leur course le calorique qui les environnait ou était placé entre elles, celui-ci a dû s'accumuler sur chacun de ces noyaux, et dès-lors leur température s'est élevée proportionnellement. Mais si l'on considère qu'à un instant quelconque la vitesse de chaque molécule était égale à la somme des vitesses acquises dès l'origine du mouvement, on concevra qu'à l'époque où les noyaux des nébuleuses sont devenus distincts, et où l'*atmosphère* de chacun d'eux a été séparée de celle des autres, cette vitesse était devenue immense et telle, peut-être, que celles de la lumière et de l'électricité ne pourraient nous en donner qu'une faible idée. La densité des noyaux a donc dû à cette époque s'accroître promptement, et le calorique rapidement accumulé et très-fortement comprimé, a élevé prodigieusement leur température. Le phénomène si connu du briquet pneumatique peut nous donner une idée de la grande quantité de calorique qui peut être dégagée d'un gaz fortement comprimé. Il est très-probable aussi que lorsque la proximité des molécules a rendu possibles les combinaisons chimiques, elles aient occasionné un grand dégagement de calorique, qui est entré pour une partie plus ou moins notable dans la température de chaque noyau. Chacun d'eux en oscillant d'abord autour de son centre de gravité, puis en tournant enfin autour d'un axe à peu près fixe, a été animé d'un mouvement de rotation sur lui-même, comme chaque nébuleuse autour de son centre. Alors ayant nécessairement pris la forme à peu près sphérique, mais plus ou moins renflée à l'équateur, et étant élevés à des températures excessives, ces noyaux sont enfin devenus autant d'astres, autant de soleils dans lesquels la force répulsive du calorique, s'accroissant avec la température, a enfin ralenti la rapide précipitation de la matière vers les centres.

Pendant tout ce temps la température des espaces célestes, déjà probablement basse dès l'origine, à cause de l'extrême rareté de la matière diffuse, a dû s'abaisser encore bien davantage, car les molécules matérielles, dans le phénomène de la condensation et de la centralisation, entraînant le calorique avec elles, le soustrayaient de ces espaces. Mais du moment où le fluide calorique par son excès d'accumulation a commencé à réagir contre la force condensante, il s'est porté, dans chaque soleil, du centre, où était la plus haute température, à la surface, où elle était moindre, et de là dans les espaces célestes, faisant ainsi continuellement effort pour reconquérir son ancienne étendue et rétablir l'équilibre.

C'est de ce moment qu'il est devenu rayonnant et que les astres ont commencé à se refroidir du centre à la surface. Or malgré toute la quantité de fluide calorique qui a été restituée à ces espaces depuis l'origine des astres, les dernières expériences de M. Pouillet n'assignent encore à celui de notre système particulier que la très-basse température de — 142°. Cette détermination, il est vrai, est encore bien incertaine, si on ajoute une foi égale aux recherches antérieures, car Fourrier la portait à — 60° et Poisson à — 13°. Suivons maintenant en particulier la marche du refroidissement de notre soleil. A l'époque où nous nous plaçons, son atmosphère était encore immense et s'étendait bien au-delà de la planète Uranus, mais était nécessairement limitée là où la force centrifuge, résultant du mouvement de rotation de l'astre, contrebalançait la pesanteur. A mesure que, par le refroidissement, la matière se condensait à la surface du soleil, l'attraction l'emportait sur la force répulsive du calorique, le rayon de son atmosphère diminuait, et la mécanique démontre que la vitesse de rotation augmentait proportionnellement. La partie de l'atmosphère qui, à l'équateur, se trouvait sur la limite, n'a pas obéi à ce rapprochement, puisque là la force centrifuge faisait équilibre à la pesanteur. Elle s'est donc séparée du reste de l'atmosphère, et a formé un anneau concentrique au soleil, tournant dans le même sens que cet astre, mais avec moins de vitesse. Mais comme la force centrifuge est directement proportionnelle au carré de la vitesse et inversement proportionnelle au rayon, tandis que la force centrale ou la pesanteur est seulement inversement proportionnelle au carré du rayon, il s'est bientôt établi une nouvelle limite, inférieure à la première, qui, plus tard, a été abandonnée à son tour, et ainsi de suite ; d'où sont résultés plusieurs anneaux concentriques animés de vitesses toujours croissantes, mais toujours moindres que celle du soleil, et dans le même sens que la rotation de cet astre. Toutes les molécules qui n'étaient pas dans l'équateur ou près de ce plan, n'ont pu se trouver dans aucune de ces limites, et en obéissant à la pesanteur, se sont approchées du centre à mesure que l'atmosphère se contractait ; mais, par ce mouvement même, elles se rapprochaient de l'équateur, et une partie a pu ainsi rentrer dans la zône des limites, et faire partie au moins des derniers anneaux qui, comme on le voit, n'ont jamais pu se former, dans les circonstances ordinaires, que près de l'équateur.

Considérons actuellement ces anneaux : par les effets du refroidissement et de la proximité, les molécules d'un même anneau se sont rapprochées et leur frottement mutuel, ainsi que les changements de distances au centre, apportés par ce rapprochement, ont dû compenser leur vitesse de rotation, et les ramener toutes à un même mouvement angulaire. Alors dans chaque anneau les parties supérieures étaient animées d'une plus grande vitesse réelle que celles inférieures.

Ces anneaux auraient pu par l'attraction et le refroidissement se condenser uniformément et former des zônes liquides ou solides, circulant dans l'espace autour du soleil. Mais la parfaite égalité dans toutes les circonstances du mouvement qu'exigerait un pareil résultat, a dû le rendre rare dans l'univers ; aussi n'avons-nous pas de telles zônes dans notre système solaire, car l'anneau de Saturne est dans la classe des satellites dont nous allons parler. Presque toujours chaque anneau de vapeur a dû se rompre en plusieurs masses inégales et inégalement espacées, qui auront exercé les unes sur les autres des actions un peu différentes, d'où seront résultées des vitesses aussi un peu inégales ; ces masses ont dû prendre une forme sphéroïdique en obéissant à l'attraction de leurs centres particuliers ; avec un mouvement de *rotation* dirigé dans le sens de leur *révolution,* puisque les molécules supérieures, ayant plus de vitesse réelle que celles inférieures, ont dû dépasser celles-ci ; mais, ne pouvant s'éloigner de leur centre particulier, elles ont été forcées de tourner autour de lui dans le sens de leur mouvement. Elles ont donc formé autant de planètes à l'état de vapeurs. Mais à cause des inégalités que nous venons de citer, presque toujours la plus grande, en masse, aura successivement réuni toutes les autres autour de son centre, et l'anneau enfin aura été transformé dans une seule masse sphéroïde de vapeurs circulant autour du soleil avec une rotation dirigée dans le sens de sa révolution. On ne pourrait guère citer, dans notre système, que les quatre petites planètes comme exemple de la division permanente d'un anneau en plusieurs masses.

Maintenant si nous suivons les changements qu'un refroidissement ultérieur a dû produire dans les planètes en vapeurs dont nous venons de concevoir la formation, nous verrons naître au centre de chacune d'elles, un noyau s'accroissant sans cesse par la condensation de l'atmosphère qui l'environne. Dans cet état, la planète ressemblait parfaitement au soleil sous la forme de nébuleuse, où nous venons de le considérer; le refroidissement a donc dû produire, aux diverses limites de son atmosphère, des phénomènes semblables à ceux que nous avons décrits, c'est-à-dire des anneaux et des satellites circulant autour de son centre dans le sens de son mouvement de rotation, et tournant dans le même sens sur eux-mêmes. Quant au fait remarquable, et particulier aux satellites, d'exécuter une rotation sur eux-mêmes dans le même temps qu'ils achèvent une révolution autour de leurs planètes, il peut s'expliquer en considérant que le peu de masse des satellites semble indiquer que les anneaux qui les ont formés étaient minces, c'est-à-dire que la différence des distances au centre de la planète, entre les points des parties supérieures et ceux des parties inférieures, était très-petite, et que dès-lors les vitesses absolues de ces points étaient presque égales. La petite différence qui en sera résultée entre les temps de cette rotation et de cette révolution aura d'ailleurs été détruite à la longue par l'attraction de la planète.

Le phénomène des anneaux de Saturne tournant dans le plan de son équateur est unique dans notre système solaire. Il est un témoin toujours existant en notre pouvoir de la formation de ces anneaux dans les atmosphères, et en particulier il montre les limites auxquelles l'atmosphère de Saturne s'est d'abord rétrécie lorsqu'elle a donné lieu à la formation des anneaux. Ce que nous venons de dire du système solaire s'applique évidemment à tous les autres systèmes qui occupent les espaces célestes, et la facilité avec laquelle tous les phénomènes astronomiques découlent de l'hypothèse d'où nous sommes partis, lui donne un haut degré de probabilité. A l'impossibilité où nous sommes jusqu'à présent d'observer directement les planètes des autres soleils, nous venons de substituer l'étude des étoiles multiples, qui déjà nous a appris que ces étoiles tournent par groupe, les unes autour des autres ou autour du centre de gravité de chaque système, et la force du calcul nous a dévoilé que la loi qui régit ces mouvements est la même que celle qui règle ceux de notre système solaire. Il est donc extrêmement probable que cette grande loi de la *gravitation universelle, en raison directe des masses et inverse du carré des distances*, règne sur tous les êtres du grand univers indéfini et a dû y faire naître des phénomènes analogues à ceux que nous observons dans notre système particulier.

Nous sommes donc portés à regarder les nébuleuses qu'on observe aujourd'hui comme autant d'univers encore en formation.

D'après la manière dont nous avons conçu la formation des corps, la matière dans l'origine ne devait être qu'une mixtion de toutes les substances, et lorsque la gravitation l'a divisée, chaque partie a dû contenir une proportion de tous les éléments. Il est donc probable que tous les globes, tous les corps qui circulent dans l'espace sont composés à peu près des mêmes principes. Nous n'avons en notre pouvoir d'échantillons que nous puissions comparer que la terre et quelques corps qui sont venus user leur force de projection dans notre atmosphère dont nous possédons les débris et que l'état de la science ne permet plus de regarder comme s'étant formés dans cette atmosphère. Eh bien! sur seize éléments qui constituent essentiellement notre planète, les autres n'y étant que comme des raretés, M. Elie de Baumont a fait voir que tous les aérolithes qui ont été analysés jusqu'à présent n'étaient exclusivement composés que des douze plus importants de ces corps. Les quatre autres ont pu du reste se mêler à notre atmosphère ou s'y détruire, c'est-à-dire s'y combiner.

Dans tout ce que nous venons de dire, nous n'avons pas distingué le fluide lumineux du fluide calorique. Si ces deux êtres sont distincts, on pourra appliquer au premier tout ce que nous avons dit du second. L'air, comprimé subitement dans le briquet pneumatique, dégage de la lumière comme de la chaleur.

Dans la condensation générale de la matière, il n'est pas probable que les divers corps qui la composent aient obéi également à la gravitation universelle. Sans parler des agents que la physique considère et qui sont *impondérables pour nous*, plusieurs autres, sans doute, sont restés indéfiniment étendus, comme à l'époque qui a précédé la centralisation. D'autres se sont seulement resserrés dans les limites d'une même nébuleuse, d'un même univers, en restant comme suspendus entre ces noyaux ou soleils. D'autres encore se seront confinés jusque dans les premières limites d'une atmosphère solaire. C'est dans ces milieux, très-subtils, il est vrai, mais qui ne peuvent être sans résistance, que se meuvent tous les corps des espaces célestes autour de leurs centres respectifs. Cette résistance, quelque faible qu'elle soit, fait décrire à chacun de ces corps une spirale autour de son centre, dont il se rapproche continuellement et doit, avec la consommation des siècles, les réunir tous en une masse unique dont les dimensions s'étendront au-delà des bornes de notre imagination. C'est le seul terme qu'il nous soit possible d'apercevoir dans la grandeur, dans la magnificence du plan de la création.

Redescendons enfin sur la terre pour la théorie de laquelle nous avons donné tous les détails dans lesquels nous venons d'entrer. L'état dans lequel nous la trouvons est celui du commencement des époques géologiques dont nous avons donné l'histoire précédemment. Nous avons vu que pendant plusieurs de ces époques sa surface a joui d'une haute température qu'elle devait exclusivement à sa chaleur intérieure, puisque les restes organiques ne dénoncent aucune trace de climat, et qu'aujourd'hui plusieurs végétaux des genres de ceux qui vivaient par exemple pendant la formation de la houille, tout en exigeant une haute température pour prospérer, se développant mieux à l'ombre qu'aux rayons du soleil, semblent indiquer que leurs congénères des époques anciennes n'avaient pas été organisés pour vivre sous l'influence de cet astre. Que cette température est allée continuellement en diminuant, conformément au système que nous venons de développer, et qu'enfin, depuis longtemps, l'influence de la chaleur intérieure, à la surface, était devenue sensiblement nulle. Or à l'époque où la terre s'est formée des débris de l'atmosphère solaire, cette atmosphère était encore immense, et s'est considérablement réduite depuis par les effets de l'attraction. La terre a donc été formée à une grande distance du centre du soleil, et c'est sans doute pour cette raison que dans les temps géologiques qui ont précédé l'époque que nous avons nommée *glaciaire*, la chaleur intérieure de la terre était l'unique source de la température de sa surface. Mais les planètes se mouvant dans un milieu plus ou moins résistant, usent leur vitesse tangentielles et se rapprochent du soleil, très-lentement, il est vrai, mais inévitablement. Si donc la chaleur centrale de la terre n'avait diminué que proportionnellement à son rapprochement du soleil, il y aurait eu compensation et la surface aurait pu conserver la température au moins d'une des époques anciennes. Or cet accord était impossible, vu l'extrême petitesse relative de la masse de la terre. Celle-ci s'est refroidie plus vite qu'elle ne s'est rapprochée. Lors donc que sa surface n'a plus reçu, de son intérieur, une quantité suffisante de calorique, elle a dû se trouver plongée dans un milieu qui a abaissé sa température au-dessous de zéro, et que la chaleur reçue du soleil trop éloigné ne pouvait reporter au-dessus. L'eau a donc commencé à se congeler, et les glaces ont pu s'étendre sur toute la surface de la terre.

Nous concevons donc maintenant pourquoi, à l'époque où nous vivons, nous retrouvons partout les traces de ces anciennes glaces.

Cet ordre de choses étant arrivé graduellement, c'est d'abord dans les hautes régions de l'atmosphère terrestre que l'eau a pu se congeler, et les neiges ont commencé à s'accumuler sur les sommets des hautes montagnes, qui étaient les mêmes que celles d'aujourd'hui, puisque ces phénomènes ont dû se produire à la fin de l'époque tertiaire. A moins qu'on n'admette que la surface de la terre ait éprouvé de nouveaux bouleversements pendant le long espace de temps qu'elle est restée ensevelie sous les glaces.

La température continuant à diminuer, la ligne des neiges permanentes s'est abaissée de plus en plus et est enfin arrivée jusqu'au niveau des mers. Pendant tout ce temps, qui a pu être très-long, toutes les vapeurs qui s'élevaient des mers encore liquides, venaient augmenter l'épaisseur des énormes glaces des montagnes, qui descendaient toujours plus bas, menaçant de toutes parts la terre désolée, qu'elles devaient bientôt ensevelir avec tous ses habitants sous leurs puissantes masses. On conçoit que les animaux des genres intertropicaux ont pu, tout en dépérissant, vivre à une température bien inférieure à celle moyenne de nos zônes tempérées, où ils ne vivraient plus aujourd'hui, précisément parce qu'à cette époque il n'y avait pas d'hiver, puisque c'était encore la chaleur centrale qui dominait. Ils ont pu, par cette raison, persister jusqu'au dernier instant où la végétation a été possible. Lorsqu'ils sont morts, les glaces recouvraient donc déjà toutes les sommités et une grande partie des plaines, ce qui explique comment ils se sont trouvés enveloppés.

Les glaces, en se formant ainsi graduellement à des hauteurs successivement moindres, ont dû suivre les grandes inégalités du sol. On pourrait donc être induit en erreur si on estimait leur épaisseur totale comme on l'a déjà fait en la comptant depuis au-dessus des plus hauts points où elles ont laissé des traces jusqu'aux points les plus bas qu'elles ont recouvert dans une même localité. Cette épaisseur, probablement, serait presque toujours trop forte.

Pour que la terre se couvrît entièrement de glaces, il a suffi qu'à l'équateur sa température s'abaissât seulement d'un degré au-dessous de zéro, et ne se relevât jamais au-dessus, surtout si cet état a duré plusieurs siècles. Mais si, en considérant que la zône de l'atmosphère solaire, dans laquelle la terre s'est formée, était à une très-haute température, on s'étonne de l'immensité du temps qui a dû s'écouler depuis cette époque jusqu'à celle où l'éloignement et le refroidissement de cette atmosphère ont permis à la température de la surface de la terre de s'abaisser jusqu'au-dessous de zéro, nous répondrons d'abord, que ce refroidissement et ce retrait ont dû être beaucoup plus rapides qu'ils ne sont aujourd'hui; mais nous répondrons surtout que ce temps, si effrayant pour nous, s'accorde parfaitement avec l'innombrabilité de siècles que semble avoir exigé l'accomplissement de la longue série de phénomènes qui se sont succédés pendant les époques géologiques.

D'ailleurs les planètes supérieures ont aussi été formées dans des zônes solaires très-chaudes ; cependant si, en admettant que leur refroidissement intérieur soit aussi avancé que celui de la terre, ce qui doit être accordé, puisqu'elles sont beaucoup plus anciennes, on calcule, d'après leur distance au soleil, l'intensité de la chaleur qu'elles reçoivent de lui, on trouve que toutes ont encore aujourd'hui leur surface à une température beaucoup au-dessous de zéro, malgré la quantité dont elles se sont rapprochées du soleil depuis leur origine, beaucoup plus ancienne que la nôtre. Si donc les surfaces de quelques-unes d'entre elles ne reçoivent plus de chaleur de leur intérieur, et que l'eau y soit aussi abondante que sur la terre, elles sont encore pour longtemps ensevelies sous les glaces. L'eau est donc constamment glacée sur les $\frac{8}{11}$ des planètes, et la terre qui en est inférieurement le neuvième onzième, montre des traces incontestables des glaces qui jadis l'ont couverte aussi. Or, à l'époque où nous sommes, à l'exception des neiges permanentes des montagnes, toutes ces glaces ont disparu, et la chaleur que nous recevons actuellement du soleil n'en rendrait plus l'existence possible. La terre s'est donc nécessairement rapprochée de cet astre, et dès lors il y a toute probabilité que c'est à ce rapprochement que nous devons la fusion des glaces.

La terre resta probablement longtemps dans cet état de mort ; mais cet ordre de choses ne devait pas toujours durer, il ne devait même être qu'une des phases des nombreuses révolutions que notre planète a éprouvées et éprouvera encore. Car son rapprochement du soleil, lent, mais continuel, a élevé proportionnellement la température de sa surface, et il est arrivé une époque où les glaces ont commencé à fondre. Cette fusion a dû commencer entre les tropiques, où elle est déjà plus avancée que dans les autres zones. Elle s'est étendue de là jusqu'aux régions polaires, où elle n'a encore lieu chaque année que dans les temps voisins des solstices. Cette fusion s'est opérée d'abord très-lentement, lorsque la chaleur reçue du soleil était à peine suffisante pour l'effectuer. Elle a eu des temps d'arrêts, et les glaces ont dû plusieurs fois reconquérir le peu de terres que le soleil les avait forcées d'abandonner; car nous voyons encore de nos jours les limites de nos restes de glacier éprouver ces arrêts et ces oscillations, mais dans de bien plus étroites limites. Cette retraite lente des glaces, ces temps d'arrêts, ces oscillations, expliquent les blocs erratiques, ces grands dépôts, ces puissantes moraines, anciennes limites des glaciers, que nous trouvons si loin de la région actuelle de ces derniers, et qui, dans nos vallées, s'échelonnent jusqu'à eux. Plus tard la température continuant à s'élever, la fusion devint plus rapide. Des torrents immenses, alimentés de toutes parts par les glaces, sillonnèrent la terre, qui dès-lors commençait à se repeupler. Les neiges furent refoulées dans les montagnes d'où elles étaient descendues, et l'homme enfin apparut sur la terre. Il a donc commencé avec les climats et il est de la première création d'êtres ne vivant que sous la seule influence du soleil; et quoique les températures qui ont suivi la fonte des glaces aient été nécessairement les mêmes, à la durée près, que celles qui, dans un ordre inverse, ont précédé leur formation, on conçoit que ces êtres ont dû recevoir une organisation différente de celle des animaux et des végétaux qui ont précédé immédiatement les glaciers, puisque ces nouveaux êtres étaient destinés désormais à supporter les rigueurs de nos hivers et à passer par des alternatives de chaud et de froid entièrement inconnus au monde *antéglaciaire*. Et depuis cette époque la plus petite différence d'organisation entre les êtres de ces deux créations a dû se trouver là où sont les plus faibles *variations de température*, c'est-à-dire entre les tropiques.

Nos glaciers vont disparaître dans un temps relativement prochain. C'est un fait qui déjà nous avait frappé lorsque nous en ignorions encore la cause. En effet, d'après ce que nous avons dit des traces que les glaces laissent derrières elles en se retirant, nous ne pouvons considérer les neiges permanentes qui couronnent nos plus hautes montagnes que comme les derniers restes de notre ancien manteau glacé. Déjà plusieurs des plus basses montagnes à glaces ne porteraient plus de neiges permanentes, si le noyau qui congèle chaque nuit l'eau des pluies ou la glace fondue le jour par le soleil, n'existait plus.

A l'époque où nous vivons, la température de la zône torride s'élève déjà à une assez grande hauteur; celle moyenne étant de 27°. Celle des zônes tempérées, près des solstices, est aussi assez considérable. La terre s'est donc rapprochée très-sensiblement du soleil depuis le commencement de la fonte des glaces. S'il paraît qu'il a fallu, pour obtenir ce résultat, la consommation d'un trop grand nombre de siècles, nous répondrons encore que le temps étant, dans les questions de cette nature, un élément que nous estimons à l'aide de trop petites mesures, appropriées à l'extrême brièveté de la vie de l'homme, ne peut, par sa longueur apparente, être jamais un obstacle à leur solution. En effet, qu'est-ce qu'un siècle? cent révolutions seulement de notre petite planète, dans un cercle qui n'est que la trois cent soixante-huitième partie de l'équateur d'un système particulier qui, pris dans son ensemble, n'est lui-même qu'un point dans le système général. Il est probable que depuis que la terre a été formée, notre soleil n'a encore parcouru qu'une petite partie de son orbite autour du centre du système auquel il est subordonné, système qui n'est lui-même qu'une partie insensible de l'univers. L'homme est donc bien dans l'erreur quand, après avoir fait le sacrifice de quelques milliers de révolutions atomiques de la molécule qu'il habite autour du point lumineux qui l'éclaire, il croit avoir atteint la limite des temps.

Le système que nous venons d'exposer est le seul, jusqu'à présent, qui satisfasse à toutes les conditions du problème; il explique sans efforts tous les mouvements des corps célestes. Il montre naturellement leur division en soleils, planètes et satellites, et fait comprendre que toutes les planètes qui ont pu se former autour de chaque soleil se meuvent dans des zônes relativement étroites, par le milieu desquelles passe le plan de l'équateur de chaque soleil respectivement. Il fait connaître clairement la cause de leur fluidité dans l'origine et, par suite, celle de leur renflement à leur équateur. Il en découle tout naturellement la cause de la chaleur centrale dans chaque globe et celle de son refroidissement incessant, qui a fait naître tous les phénomènes géologiques que nous avons étudiés sur la terre. Il est le seul qui montre l'origine du rayonnement du calorique et de la lumière, et la cause de son immense rapidité. Mais il est le seul surtout qui puisse accorder le refroidissement progressif de l'intérieur de la terre, et même anciennement de sa surface, avec la formation des glaces universelles, et leur fusion *postérieurement*.

Quand on considère combien tout ce que nous venons de rapporter donne de probabilité à une diminution de distance entre la terre et le soleil, on est tenté d'admettre cette diminution comme démontrée, et alors elle devient une preuve physique, matérielle de l'existence d'un milieu résistant dans lequel la terre se meut. Ce milieu, une fois reconnu, il devient de toute certitude que notre planète se rapprochera toujours davantage du soleil. Quelle est donc la destinée de l'homme, cet être doué d'intelligence à un plus haut degré que tous ceux qui l'ont précédé ; ce roi actuel de la création ?

FIN PROBABLE DE LA TERRE.

La température devenant toujours plus haute, il viendra un temps où elle ne conviendra plus aux conditions de son existence. L'homme disparaîtra donc de la surface de la terre avec tous les animaux contemporains, pour être remplacés par d'autres, qui disparaîtront à leur tour, et ainsi de suite, jusqu'à ce que, après un temps indéfini pour nous, la température soit devenue trop élevée pour rendre la vie possible, ou qu'enfin la terre, ayant parcouru toute sa spirale, aille se précipiter dans le soleil. D'après le même principe d'un milieu résistant, notre soleil se précipitera à son tour sur son centre, celui-ci sur un autre, et tous les autres enfin sur le centre de l'univers.

FIN.

TABLE DES MATIÈRES.

	pag.
INTRODUCTION	1
Constitution intime des corps.	10
De la pesanteur terrestre et la gravitation universelle.	15
De l'atmosphère et de la combustion	17

PREMIÈRES NOTIONS

SUR QUELQUES-UNS DES CORPS SIMPLES QU'IL EST INDISPENSABLE DE CONNAÎTRE EN **GÉOLOGIE**. 23

Hydrogène	24
Carbone	24
Soufre	25
Phosphore	26
Fluore ou Phtore	27
Silicium	27
De quelques oxydes	28

DES ROCHES OU GRANDES MASSES MINÉRALES	31
ÉLÉMENTS ESSENTIELS DES ROCHES	34
Le quartz	34
Le feldspath	35
Le mica	36
Le talc	36
La stéatite	36
La serpentine	37
La chlorite	37
L'amphibole	38
La diallage	38
Le pyroxène	39
Le calcaire	39
Le gypse	42

NOTIONS DE GÉOLOGIE.

	pag.
DESCRIPTION PARTICULIÈRE DES TERRAINS.	45
TERRAINS STRATIFIÉS	46
1er Ordre. Terrain moderne	47
1° Terrain madréporique	48
2° Terrain tourbeux	48
3° Terrain détritique	49
4° Terrain alluvien	50
5° Terrain diluvien	51
6° Terrain tufacé	53
2e Ordre. Terrain tertiaire	54
1° Terrain nymphéen	56
2° Terrain tritonien	57
3e Ordre. Terrains ammonéens	59
1° Terrain crétacé	61
2° Terrain jurassique	66
3° Terrain liassique	69
4° Terrain triasique	71
5° Terrain pénéen ou groupe du grès rouge	77
4e Ordre. Terrain carbonifère	81
1° Groupe houiller	81
2° Groupe anthraxifère	85
5e Ordre. Terrain protozoïque	87
1° Système devonien	88
2° Système silurien	90
3° Système cambrien	91
DES FOSSILES	94
SUR LES GRANDS GLACIERS ANTÉDILUVIENS DES ALPES ET DES AUTRES CHAÎNES DE MONTAGNES	101
Sur les causes de l'érection des montagnes	103
Terrains pénéen et triasique	120
Terrains jurassique et crétacé	125
Epoque tertiaire	146
SUR LES CAUSES DES VOLCANS ET DES EAUX THERMALES	153
SUR LES CAUSES DES TREMBLEMENTS DE TERRE	167
SUR LE MÉTAMORPHISME DES TERRAINS DE SÉDIMENT AU CONTACT DES ROCHES PLUTONIQUES	171

	pag.
DES VALLÉES	184
ÉPOQUE GLACIALE	200
1° Blocs erratiques	200
2° Glaciers des montagnes	204
3° Glaces universelles	213
FIN PROBABLE DE LA TERRE	249

FIN.

BESANÇON. — IMPRIMERIE D'OUTHENIN-CHALANDRE FILS.

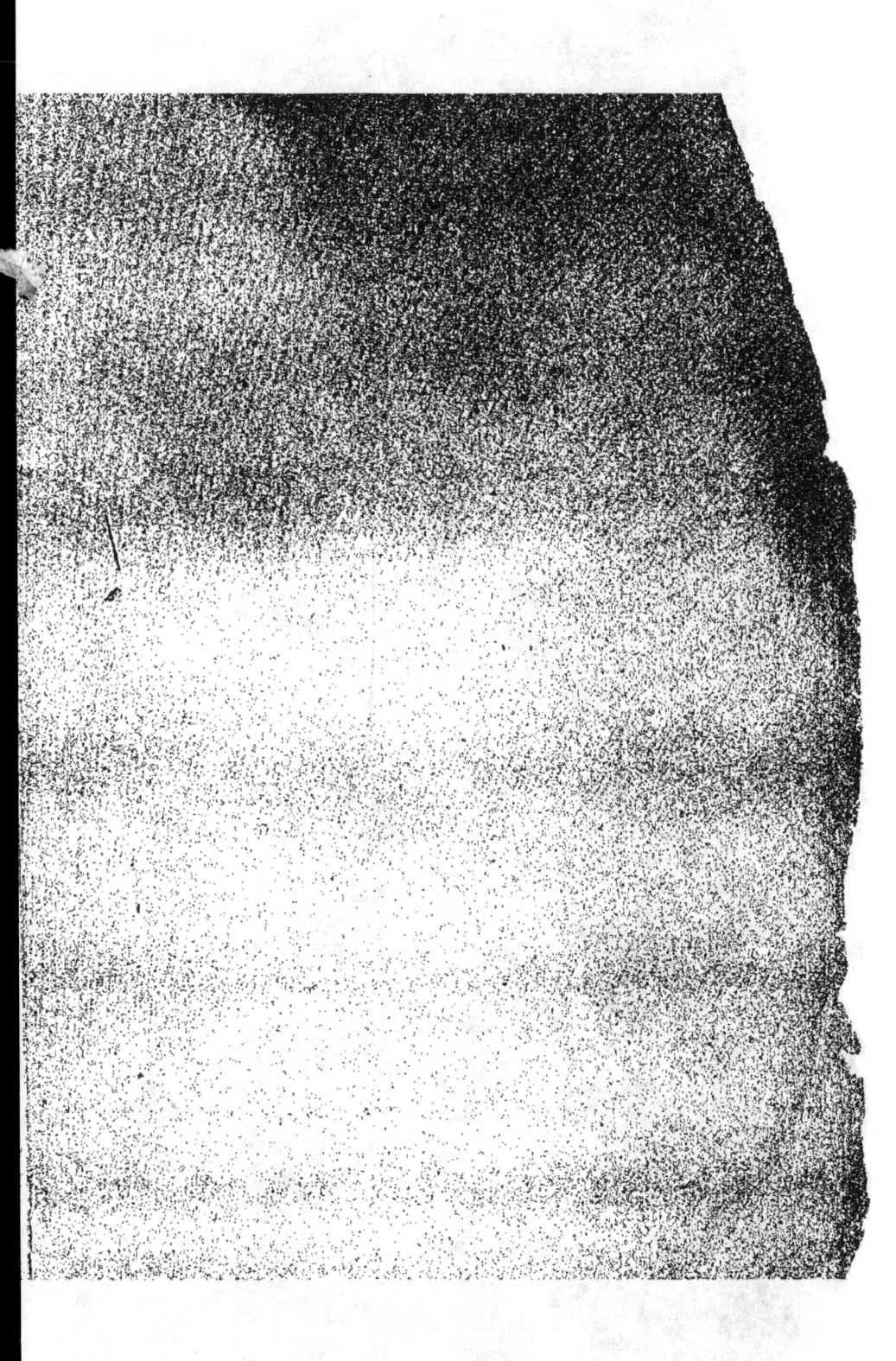

www.ingramcontent.com/pod-product-compliance
Lightning Source LLC
Chambersburg PA
CBHW070632170426
43200CB00010B/1989